교리를 알면 신앙이 자란다

Church Next ❻

교리를 알면 신앙이 자란다

초판 발행 | 2008년 6월 23일
초판 7쇄 | 2020년 7월 16일
저자 | 최병규
편집책임자 · 펴낸이 | 박신웅
펴낸곳 | 도서출판 생명의양식
등록 | 1998년 11월 3일. 서울시 제22-1443호
주소 | 137-803 서울특별시 서초구 고무래로 10-5 (반포동)
전화 | (02) 533-2182
팩스 | (02) 533-2185

총판 | 생명의말씀사
전화 | (02) 3159-7979
팩스 | (080) 022-8585

교열 | 이기룡
북디자인 | 이성희

ISBN 978-89-88618-31-8 03230

이 책은 저작권법에 의해 보호를 받는 출판물입니다.
기록된 형태의 저자의 허락이 없이는 무단 전재와 복제를 금합니다.

www.qtland.com

Church Next ❻
교리를 알면 신앙이 자란다

최병규 지음

생명의 양식

발간사 'Church Next' 시리즈를 펴내면서

한국교회가 위기에 처해 있다는 경종이 계속되고 있습니다. 우리 사회에서 교회의 신인도가 크게 추락하고 있고, 무엇보다도 젊은이들이 교회를 떠나고 있으며 어린이들과 청소년들의 수가 급격하게 줄어들고 있습니다. 다음 세대의 한국교회를 생각할 때 큰 위기가 아닐 수 없습니다.

한국교회가 이러한 위기상황임에도 불구하고 우리는 여전히 한국교회를 사랑하며 교회교육을 사랑합니다. 칠흑 같이 어두운 밤에 작은 등불이 더욱 빛나는 것을 아는 우리들은 이제 다시 한국교회의 미래를 위한 희망의 씨앗을 뿌립니다. 하나님의 교회는 본질적으로 교육하는 교회여야 하고, 교육과 훈련을 통해 다음 세대를 계속하여 양성할 수 있음을 알기 때문입니다. 교회의 교육 발전을 위해서는 잘 훈련되고 구비된 교사들이 필요하고, 그들이 교육을 새롭게 할 수 있습니다.

이제 우리는 한국교회 교육의 새로운 부흥을 기대하며, 교회의 미래를 준비하는 교회학교 교사 교육과정으로 'Church Next' 시리즈를 간행합니다. 한국교회에서 학문적이고도 실천적인 기독교교육으로 잘 무장된 복음주의권 기독교교육학자들과 교육전문가들을 중심으로 성경과 신학, 기독교교육학 이론과 실천의 에센스를 뽑아 모두 8권의 시리즈로 기획, 출판합니다. 지난 23년 동안 14,000명을 훈련된 교사와 평신도 리더들을 양성하고 배출한 경험을 토대로 한국교회의 교사 양성을 위한 새로운 교육과정으로 제시합니다. 이 시리즈의 저자들은 신학과 기독교교육의 이론에서 정통하면서도 교육실천의 현장에서 오랜 경험과 축적된 경험이 교사로 입문하는 이들에게 의미있는 도움을 줄 것입니다. 이 시리즈의 여덟 권의 교재로 1년 두 학기 동안 교사들을 훈련할 수 있으며, 교사들이 개인적으로 전문교사로 성장하는 일에도 많은 도움이 될 것입니다. 이 시리즈가 한국교회 교회교육을 새롭게 하고, 교회의 다음 세대를 양성하는 일에 크게 쓰여질 것을 믿습니다.

2008년 3월

기획·책임편집자 _ 나삼진

머리말

1800년대 말에 복음을 받아들여 괄목할만한 성장을 해 온 한국교회는 이제 제2의 부흥운동을 위하여 기도하고 있다. 그동안 한국교회는 제자화 훈련이나 교회성장 혹은 영성훈련 등을 강화해 왔고, 그러한 프로그램들을 통하여 성도들을 견고하게 세워올 수 있었다. 복음증거를 위하여 한국교회의 목회자들과 성도들은 헌신적으로 봉사해왔다. 그럼에도 불구하고 한국교회에는 초기부터 정통신앙에서 떠난 자유주의적 신학사조를 비롯하여 여러 이단·사이비단체들이 양산되어 왔다.

최근 들어 이단 및 사이비단체들은 교회에 비밀리에 침투해 들어와 기존 성도들을 그들의 성경공부 모임으로 데려가고 있다. 그들의 모임으로 데려가서 비성경적이며 반기독교적인 교리들을 주입시키고 있는 것이다. 성도들은 기독교를 교리적으로 더 확실하게 알아가고 싶은 욕구를 지니고 있지 않을 수도 있다. 그러나 목회자들이 성도들을 교리적으로 무장시켜놓지 않을 때에는 많은 부정적인 결과들을 초래할 수 있음을 직시해야 하겠다. 성도들이 확실한 교리에 기초하지 못한다면, 때때로 그들은 구원의 확신 문제에 있어서 혼란을 초래할 수도 있을 것이다. 신론을 비롯하여 성령론 그리고 기독교 교리의 여러 부분들에 대하여 건전한 견해를 갖지 못할 때에 성도들은 불안정한 생활을 할 수 밖에 없을 것이다.

언젠가 필자에게 상담을 요청해온 어떤 내담자는 말하기를, "교회들이 교리교육이나 성경에 대한 체계적인 공부를 시켜주지 않았습니다"라고 솔직하게 밝힌 바 있다. 필자는 그분의 고백을 한국교회 성도들의 대체적인 고백으로 추정하고 있다. 물론 다수의 교회들이 성경공부나 교리공부를 성실하게 시키고 있을 것이다. 그러나 많은 경우에 '체계적인' 성경공부나 교리공부가 시행되고 있다고 생각되지는 않는다.

이러한 마음이 들었기 때문에, 필자는 「기독교보」로부터 '성도의 삶과 기독교 교리'에 대한 연재를 의뢰받았을 때 선뜻 응했고, 1여 년이 넘게 집필해 왔다. 그 후 총회교육위원회의 총회교사대학 교재로 개정 증보하여 집필하게 되었다. 바라건대 이 책자가 기독교의 핵심교리를 공부하려고 하는 이들에게 유익한 교재가 되었으면 한다. 이 책의 출판을 허락해 준 교육원장 나삼진 박사님과 편집진께 감사드린다.

2008년 6월

저자_최병규

차 례
Contents

발간사　5
머리말　6
차　례　9
교리공부의 필요성　13

제1부　창조세계와 인간
01 세계 창조　19
02 하나님의 섭리　23
03 인간의 목적과 즐거움　27
04 성경, 인생의 안내자　31
05 역사 속에서 이뤄지는 것들　35

제2부　삼위일체이신 하나님
01 삼위일체　43
02 하나님의 성호와 속성　47
03 하나님의 작정　51
04 예수님의 신성과 인성　55
05 예수님의 삼중 직분　59
06 예수님의 낮아지심과 높아지심　63
07 인격적이신 성령님　67

제3부   구원과 신앙의 성숙

01 죄와 벌   75
02 은혜언약   79
03 유효한 부르심   83
04 칭의와 성화   87
05 영화   92
06 성도의 궁극적 구원   97
07 생명을 얻는 회개   102

제4부   은혜의 방편

01 성경   109
02 설교   113
03 세례와 성찬   117
04 성찬예식과 참여자의 준비   122
05 유아세례   128

제5부   교회론

01 무형교회와 유형교회   135
02 참 교회와 거짓 교회   140
03 보편적 교회의 완전성   144
04 그리스도와 성도의 연합   148
05 권징   152
06 교회의 직분   156

제6부	**교회와 신앙생활**
	01 성도의 의무　163
	02 성도의 교제　168
	03 양자됨　172
	04 전도명령과 문화명령　176
	05 주일과 안식일　180

제7부	**종말론**
	01 죽은 후의 상태　189
	02 예수님의 재림 양상　193
	03 마지막 날의 부활　197
	04 최후 심판　202
	05 새 하늘과 새 땅　206

제8부	**어떻게 살 것인가?**
	01 자유의지의 회복과 실천　213
	02 선행　217
	03 자유로운 종　222
	04 가족생활　226
	05 국가 위정자　230
	06 마지막 때를 사는 지혜　235
	07 반복해야 할 교리공부　239

　　　　맺음말　244

교리공부의 필요성

　언젠가 자신이 출석하던 교회의 이름을 밝히지 않은 어느 자매로부터 그녀의 동생과 관련된 문제를 상담하기 위한 전화가 걸려왔다. 그들은 어려서부터 교회에 출석하며 신앙생활을 해오던 중에 동생이 이단에 빠진 것이다. 이런 저런 얘기를 하는 가운데 그 자매는 동생이 이단에 빠진 이유가 체계적으로 교리를 배우지 못한데 있었던 것 같다고 했다. 또 다른 몇몇 경우를 통해서도 필자는 '교리교육의 부재' 때문에 성도들이 이단의 현혹에 넘어가고 있다는 사실을 발견할 수 있었다. 이러한 단적인 예들이 보여주는 교훈은 무엇인가? 그것은 모든 목회자들이 성도들에게 교리를 가르쳐야 하며, 성도들은 또한 교리공부를 해야 한다는 것이다.

교리공부의 중요성

교리공부를 해야 하는 중요성에 대하여는 아무리 강조해도 지나침이 없다고 생각한다. 왜냐하면 성도의 삶이라는 것은 주 하나님께 대한 견고한 신앙고백과 그것의 확장된 형태인 교리에 근거하여 이뤄지는 것이기 때문이다. 성도의 삶이라는 것은 자신이 믿고 확신하는 것들 위에 기초하고 있다. 그 믿고 확신하는 것들이 곧 교리이다. 그러므로 성도가 교리를 모르는 상태에서 신앙생활을 한다는 것은 도무지 있을 수 없는 일이다. 우리 주 예수님께서는 공생애 기간 동안에도 주의 제자들에게 주님께 대한 교리적 고백을 요구하셨다(마 16:13-16). 바울 사도도 그의 몇몇 서신서들에 있어서 전반부에는 교리적인 측면들을, 그리고 후반부에는 성도의 삶과 결부된 실제적인 부분들을 서술한 바 있다. 아마도 그는 성도의 삶이라는 것은 굳건한 교리 위에 기초해야 한다고 믿었던 것이리라. 교리의 중요성을 인식하고 성도들에게 교육시키려고 한 것은 교회의 위대한 교사들이었던 어거스틴, 루터, 칼빈의 공통적인 특징이기도 했다. 청교도들 가운데 탁월한 영성의 소유자이자 목회활동을 위하여 실천적인 부분들에 대한 저술을 많이 남겼던 리처드 백스터(Richard Baxter, 1615-1691)는 '목사의 임무(duty of minsters)는 곧 교리문답공부를 시키는 것'이라고까지 역설한 바 있다.

오늘날 우리에게 전해진 교리들은 교회 역사의 초기부터 수많은 논쟁과 기도와 회의들을 통해 성령님의 인도하심 속에서 확인된 결실들이다. 역사적 교회는 교리의 간단명료한 형태인 로마신경(170-180)과 그 증보판이라고 할 수 있는 사도신경 그리고 니케아 신조(325), 콘스탄티노플 신조(381), 칼세돈 신조(451) 등을 위시해 웨스트민스터 신앙고백서(1647) 및 웨스트민스터 대교리문답, 웨스트민스터 소교리문답, 하이델베르크 교리문답(1563) 등을 비롯한 다수의 정통적인 교리서들 및 신조들을 갖고 있다.

교리공부를 통해 얻게 되는 유익

　백스터 목사가 언급한 바와 같이, 교리공부는 영혼을 개종(회심)시킴에 있어서 가장 희망적인 수단(a most hopeful mean)이 될 수 있다. 다음으로 이미 회심하여 믿으려 하는 이들을 '질서 있게 세워가는 것'을 증진시킬 수 있다. 비단 초신자들 뿐만 아니라 기성교회 성도들까지도 질서 있게 세워 줄 수 있는 것이 바로 교리교육이다. 다음으로 교리공부는 성도들로 하여금 목회자의 설교를 더 잘 이해할 수 있도록 도와주기도 한다. 물론 그 밖에도 교리공부를 통하여 얻게 되는 유익은 헤아릴 수 없을 것이다. 그러므로 목회자들은 교리를 가르치고 설교하여야 하며, 성도들은 교리공부를 통하여 자신의 신앙의 토대를 굳건하게 하고 그 위에 기초하여 열심을 품고 주를 섬겨야 할 것이다.

✤ 학습 문제

1. 교리공부는 왜 중요한가?

2. 우리가 가지고 있는 신조 및 신앙고백서들에는 어떤 것들이 있는가?

| 제 1 부 |
창조세계와 인간

 1장

세계 창조

그것이 가녀린 바이올린 소리로 시작되든지 혹은 웅장한 합주로 시작되는 것이든 간에 우리는 교향곡들의 첫 선율이 흘러나올 때부터 압도되기 시작한다. 흡사 그것과도 같이 인간의 마음에 경건한 격랑이 일게 하는 것이 있다면 그것은 바로 '태초에 하나님께서 천지를 창조하셨다'는 것을 듣는 일이다. 들길을 가다가 이름 모를 꽃들을 볼 때에나 해질녘 빛깔 좋은 구름을 볼 때에나 밤하늘에 교교히 빛나는 달과 별들의 아름다움을 보게 될 때 우리는 그 배후에 깃들여있는 창조주 하나님의 위대하신 능력과 섭리하심을 연상하지 않을 수 없다.

하나님의 인간창조

하나님께서 인간과 세상을 창조하신 사실에 대하여 제네바교회 교리문답에서는 "인간의 삶의 제일 된 목적(the chief end)이 무엇이냐?"고 묻고 "그에 의하여 인간이 창조되어진 그 하나님을 아는 것이다"라고 답한다. 그리고 또 "무슨 이유로 그렇게 말하는가?"라고 묻고 그에 대한 답으로 "왜냐하면 그분은 우리들 안에서 영광을 받으시기 위해 우리를 창조하시고 이 세상에 두셨다. 그리고 하나님 자신이 우리의 삶의 시작(beginning)이신 그 우리의 삶은 그분의 영광을 위해 헌신되어져야 한다"고 대답한다.

무(無)에서의 창조

그런데 성경에서 말하고 있고 또 신학적으로도 묘사되어온 '하나님의 창조'란 무엇인가? 그것은 가끔 들어보곤 했을 '무(無)로 부터의 창조'(creatio ex nihilo)라는 술어로 묘사된다. 칼빈 선생도 『창세기 주석』에서 설명하고 있듯이, '하나님이 창조하셨다'라고 할 때 사용된 동사는 '바라'라고 하는 히브리어 단어이다. 이 단어는 무엇을 짜 맞추거나 모양을 만든다고 하는 뜻을 지닌 '야차르'라는 단어와는 달리 '창조하다, 지어내다'라는 뜻을 지니고 있다. 즉 창세기 1장에서는 '이전에는 존재하지 않던 것이 지금은 존재한다'는 뜻에서의 무에서의 창조를 말하고 있는 것이다.

그런데도 근래에 한국교회로부터 규정받은 바 있는 어느 단체는 무로부터의 창조를 주장하는 듯 하면서도 그 무의 상태에서도 '원자'라는 것이 존재하고 있었다고 함으로써 과학적 근거를 기대하는 현대인의 귀를 솔깃하게 하려고 시도했다. 즉 창 1:1을 '하나님이 천지를 창조하실 때에'라고 해석하고, 1:2의 상태를 눈에 볼 수 없는 안개상태 즉 원자 상태였다고 주장한다. 그러나 이와 같은 주장은 하나님의 전능하신 창조를 손상시키는 해설이다. 또 어떤 이단에서는 주장하기를, '인간은 영의 상태로 선재(先在)하다가 세상에 태어날 때 자신이 육체를 취한다'고 한다. 즉 인간의 영혼은 결코 창조되거나 만들어지지 않았다는 것이다. 그것은 태초에 하나님과 함께 있었다는 것이다. 창조주나 피조된 인간이나 꼭 같이 선재하였다는 논리다. 이러한 그릇된 사상도 하나님의 창조하심을 곡해하고 있다. 그런가 하면 어떤 단체는 말하기를 창세기 1장의 인간 창조와 창세기 2장의 창조는 다른 것이라고 주장한다. 흔히들 그러한 주장을 가리켜 '이중 아담론' 혹은 '이중 창조론' 등으로 일컫는다. 즉 1장에 나오는 인간이란 동물적인 자웅을 지닌 존재들이라고 하며, 2장에 나오는 인간인 아담은 1장의 동물적인 존재들 가운데서 특별히 선택되어 영혼을 부여받은 존재라고 하는 것이다. 이러한 설명도 성경적 근거를 얻지 못하는 그릇된 창조관인 것이다.

창조론을 확신하는 삶

하나님께서는 천사와 사람과 이 세상과 그 가운데 만물을 창조하셨다. 믿음 없는 비기독교인들은 이 사실을 창조 신화들 중의 하나로 간주해버린다. 그들은 하나님과 그분의 말씀들과 십자가의 도가 다 헛된 것으로 간주하지만 그들은 우매자이다(시14:1). 오늘날 학교교육은 하나님의 거룩하신 창조 보다는 진화론에 강조를 둔다. 그럼에도 불구하고 거룩한 하나님의 백성들과 성도의 자녀들은 하나님이 이 세상을 창조하시고 섭리해 가신다고 하는 사실을 망각해서는 안 될 것이다.

창조의 목적

이제 마지막으로 우리는 '창조의 목적'에 우리의 시선을 돌리자. 앤 볼린을 위하여 에라스무스가 집필했던 『신조와 십계명 해설』(*Exposition of the Creed and Decalogue*, 1533)에는 "낙원에 있던 아담의 헌신의 대상은 그의 창조주였다"고 했다. 그렇다. 피조물인 우리 인간에게 있어서 하나님을 향한 태도는 '헌신'으로 나타나야 한다. 우리는 창조주 하나님의 전능하심과 섭리해 가심에 대하여 노래함으로써 영광을 돌려야 한다. 그리고 우리에게 주신 건강과 재능과 부와 모든 것을 드려 하나님을 높여야 한다. 언젠가 읽은 어느 책에는 다음과 같은 말이 있었다. "하나님은 많이 베푸신 이들에게 많은 것을 요구하신다."

창조에 대한 어거스틴의 고백

"이제는 새롭게 눈을 돌려 만물을 살펴 볼 때, 만물은 주로 말미암아 생겨졌고 주의 섭리 가운데에서 다양하게 변화함을 알게 되었습니다. 그들은 각기 공간 속에 흩어져 있는 것이 아니라 진리 되신 주님의 손 안에서 주님께서 붙들고 계십니다. 존재하고 있는 모든 것은 참된 실체이며 존재하지 않는 모든 것은 허구요 거짓입니다. 공간 속에 존재하는 만물은 제각기 다른 공간 속에서 조화를 이룰 뿐만 아니라 흐르는 시간과 계절의 변화 속에서도 아름다운 조화를 이루어 갑니다. 홀로 영원하신 하나님은 오랜 시간을 흘려보내고 나서 사역을 시작하지는 않으셨습니다. 우주의 시간은 흘러갔고, 흐르고 있으며 또한 흘러 올 것입니다. 그러나 역시 언제나 우주는 현재 우리 가운데 거하셔서 역사하시는 하나님에 의하여 주장되어지고 있습니다.

『고백록』 제7권 15장

2장

하나님의 섭리

하나님의 섭리하심에 대하여 생각할 때마다 나의 마음에 떠오르는 분이 있다. 그분은 유학시절 부족한 나를 크리스천의 예절로서 대하여 주고 보살펴 준 스승이신 폴스터(Dr. J. M. Vorster) 교수이다. 이국땅에서 크고 작은 어려움들을 겪게 되기도 하는 것처럼 그것은 나에게도 예외가 아니었다. 나 자신의 인격적인 미성숙으로 인하여 빚어진 일련의 일들 속에서 재정적인 문제까지 찾아와 힘들어 할 때였다. 나는 그 정황을 교수님께 말씀드리고 귀국해야 하겠다고 생각하고 신학교 2층에 있는 그분의 연구실을 찾았는데 그때 교수님은 나의 상황을 십분 이해해 주었고 그 일을 염려하지 말라고 하셨다. 그러면서 말씀하기를 당신이 바로 그런 일을 위하여 존재하는 것이 아니냐고 하셨다. 그분은 나에게 어려운 책이 아닌 삶으로써 교회사를 가르치고 계셨던 것이다. 교수님의 말은 나에게 커다란 위로가 되었다. 내가 그분을 더욱 존경하는 이유는 '하나님의 섭리'에 대한 그분의 철저한 확신 때문이다. 그는 그 당시 그의 가족들이 겪고 있던 어려움 가운데도 하나님이 섭리하심을 믿고 있다고 나에게 말해주었는데, 당시 역사에 있어서의 하나님의 섭리와 성령의 인도에 대하여 연구하고 있던 나에게는 그것이 단순한 지식이 아니라 생생한 삶의 경험으로 다가왔다.

하나님의 다스리심

하나님은 이 세상을 아름답게 만드셨다. 그 초기의 상태는 '하나님의 보시기에 좋았더라'고 하는 성경의 표현들이 시사해주듯 최상 최선의 상태였음에 틀림없다. 창조주이신 하나님께서 보시기에 좋았다고 하니 그것들의 처음 상태는 얼마나 훌륭했을까를 짐작하게 된다. 그것은 카오스적인 혼돈과 무질서란 조금도 없는 그야말로 질서와 조화의 아름다움이었다. 하나님은 세상을 지어놓으신 후에도 '창조하신 세계와 그 가운데 만물을 전체적으로 그리고 개별적으로 완전히 보전하시고 관리 통치'해 가신다. 그러한 하나님의 신적 능력의 계속적인 역사를 '섭리'(攝理)라고 한다(웨스트민스터 신앙고백서 제5장, 웨스트민스터 대교리문답 18문, 웨스트민스터 소교리문답 11문, 벨직 신앙고백서 13장).

하나님의 섭리와 위로

위대한 교회의 교사인 칼빈 선생은 『기독교강요』 1권 17장 2절에서 하나님의 섭리는 신자들에게 큰 위로가 됨을 기술하고 있는데, 하나님은 의인의 안전을 언제나 보살펴 주며, 그의 택하신 백성을 각별히 보호해 주신다는 것을 말하고 있다. 나아가서 하나님은 경건한 자녀들을 인내와 온유를 위하여 연단시키시며, 성도된 우리가 무기력을 떨쳐버리고 회개하도록 분발시켜주신다. 성도들은 자신의 인생의 위기와 불안에 대하여서도 하나님의 섭리를 확신해야 한다. 칼빈은 강조하기를, '인생은 무수한 죄악으로 가득 차 있지만 의인은 하나님의 섭리를 믿고 절대 안전함을 알고 이겨 나간다'고 했다.

이 주제에 대하여 보다 현실적이고도 섬세하게 설명하고 있는 것은 하이델베르크 교리문답인데 제27문에서는 "하나님의 섭리란 무엇인가"를 묻고 그에 대하여 아래와 같이 답한다.

"하나님이 당신의 전능하시고 항존 하시는 권능으로써 과거에 하나님이 직접 하신 것과 같이 현재도 하늘과 땅과 그 안에 있는 모든 것을 유지하시고 또한 지배하셔서 나무의 잎과 풀, 비와 한발, 풍년과 흉년, 음식, 건강과 병고, 부와 빈곤 이외에도 모든 것이 다 우연하게 나타나는 것이 아니라 아버지다운 솜씨에 의해서 나타나는 것을 말한다."

즉 인생의 크고 작은 모든 일들, 거대하고 미세한 모든 일들이 하나님의 손에 의하여 다스림 받고 있다는 것이다.

섭리의 유익

그러면 하나님이 만물을 창조하시고 또한 섭리하시는데 그러한 사실이 오늘을 사는 우리들에게 가져다주는 유익은 무엇일까? 하이델베르크 교리문답 제28문에서는 이 질문에 대하여 아래와 같이 답한다.

"우리가 역경에서 참고 축복 가운데서 감사하며, 모든 피조물이 완전히 하나님의 수중에 있기 때문에 그의 뜻이 없이는 그들이 움직일 수 없으므로 아무 피조물이라도 우리를 하나님의 사랑에서 끊을 수 없다는 것을 확신하고 장래의 일에 관해서는 우리들의 미쁘신 하나님 아버지를 의지하게 되는 것이다."

우리는 살아가면서 온갖 역경을 겪게 된다. 남들만이 겪는 일이겠지 라고 생각하던 그 일들이 어느새 우리 각자의 삶의 현장으로 찾아와 우리를 당황하게 하고 번민하게 만든다. 그러나 그러한 상황 속에서도 우리들은 창조주이시며 섭리하시는 분이신 하나님께서 우리의 삶 속에 너무나 가까이 계시며 우리의 상황들을 섬세하게 간섭해 가시는 분이심을 잊지 말아야 할 것이다. 그러므로 우리는 다시 한 번 더 산을 향하여 눈을 들고 하나님의 이름을 부를 수 있으며, 이 세상 만물들을 다스려 가시는 그분의 크신 능력을 노래할 수 있는 것이다. 섭리 안에 있는 인생은 참으로 복되며, 그래서 인생은 아름답다.

시편 103편

"여호와께서 그 보좌를 하늘에 세우시고 그 정권으로 만유를 통치하시도다. 능력이 있어 여호와의 말씀을 이루며 그 말씀의 소리를 듣는 너희 천사여 여호와를 송축하라. 여호와를 봉사하여 그 뜻을 행하는 너희 모든 천군이여 여호와를 송축하라. 여호와의 지으심을 받고 그 다스리시는 모든 곳에 있는 너희여 여호와를 송축하라 내 영혼아 여호와를 송축하라."

시편 103: 19-22

 3장

인간의 목적과 즐거움

어느 시인이 쓴 빛바랜 시집에는 다음과 같은 구절이 들어 있는 시가 한 편 있다. "어디서 와서 어디로 가는지도 모르며, 웃다가 울다가 앓다가 죽는 신세여", 물론 그것은 인간의 유한성에 대한 문학적 표현일 것이다. 비종교인다운 태도인 듯하다. 그런데 자신이 어디에서 와서 어디로 가는지를 알지 못한다는 것, 그것은 인간의 생애를 불투명하게 만드는 것이라고 생각한다. 그런 상태에서는 삶의 목적이 선명할 수 없겠기 때문이다.

존재의 이유(raison d'être)가 분명한 사람의 삶은 그만큼 능동적이고 진취적이며 생동력 넘치는 삶일 수밖에 없다. 그런데 웨스트민스터 신앙고백서에 기초하여 문답식으로 교리를 가르치는 대·소교리문답서들은 첫 번째 질문에서 공통적으로 이 숭엄한 존재의 이유 즉 인생의 목적에 대하여 묻고 있다. "인간의 제일 된 목적이 무엇인가?" 이 질문은 인간이 무엇을 위하여 어떻게 살아야 하는가 하는 인생의 본질적인 부분을 다루고 있다. 신앙고백서가 신학적 차원에서 교리를 논하고 있다면 교리문답서들은 인간의 삶의 실제적인 부분과 연결시키고 있음을 본다. 이것은 교리라는 것은 결코 성도의 삶과 별도의 이론적 지식이 아니라 성도들 각각의 삶과 직결되어 있다는 것을 보여주는 것이기 때문이다.

인생의 목적

'인생의 목적은 무엇인가?' 이 질문에 대한 답변으로 웨스터민스터 고백서는 다음과 같이 가르치고 있다.

> "인생의 제일 된 목적(Man's chief end)은 하나님을 영화롭게 하는 것(to glorify God)과 영원토록 그를 즐거워하는 것이다(to enjoy him forever)."

언젠가 어느 지역으로 강의를 내려가는 길에 서울 역 맞은편에 있는 어느 자그마한 개척교회의 예배에 참석한 적이 있다. 교파가 다른 교회였지만 사도신경을 고백함으로 예배를 시작할 때 일치를 경험할 수 있었다. 그 목사님은 설교 예화로 어느 영화 이야기를 소개했는데, 그 영화는 어느 육상선수의 이야기였다. 영화중에서 그 선수는 말하기를, "나는 하나님의 영광을 위하여 달린다"고 했다 한다. 참으로 감동적인 스토리였다. 인생의 제일 된 목적이 하나님의 영광을 위한 것일진대 그 선수는 그 목적에 맞는 삶을 살았던 것이 아니겠는가!

하나님의 영광을 위한 삶

우리는 믿음 생활을 잘 하다가도 때때로 주님과 이웃에 대하여 범죄하며 실수하고 때때로 우리의 삶의 질서를 잃어버리기도 한다. 그럴 때마다 우리는 실의에 젖게 되고 우리 자신에 대하여서도 실망하곤 한다. 이렇게 흘러가는 세월 속에서 우리가 재차 확인해야 하는 것이 있다면 그것은 '우리는 하나님의 영광을 위하여 살아야 한다'는 사실이다. 우리는 사업을 하거나 직장생활 혹은 공부를 하거나 그 무엇을 할 때 과연 우리 자신은 하나님의 영광을 위하여 그 일들을 해야 하는 목적을 가지고 있는 사람들인데, 우리는 과연 그렇게 생각하면서 살고 있는가?

하나님을 즐거워하는 삶

다음으로 우리가 생각해야 하는 것은 인생의 목적 중 두 번째로 서술되고 있는 '영원토록 그를 즐거워함'이라고 하는 부분인데, '하나님을 즐거워한다'는 말의 의미를 학자들이나 해설자들마다 각기 다양하게 서술하고 있지만 매튜 헨리는 성경의 몇몇 구절들을 제시하면서 다소 선명하게 설명하고 있다. 그에 의하면 하나님을 즐거워하는 삶이란 하나님의 은총을 얻는 것을 제일 된 행복으로 아는 삶이며, "하나님께 가까이 함이 내게 복이라"(시 73:28)고 깨닫고 경험하며 사는 삶이다. 그러한 삶은 "주의 인자가 생명보다 나으므로"라고 고백할 수 있는 삶이다(시 63:3). 이러한 삶이란 하이델베르크 교리문답 제1문답의 답변처럼 '살거나 죽거나 자신의 유일한 위로'를 하나님에게서 발견하고 자신을 구속하여 죄에서 해방시켜주시고 보호하시며 영생을 보장해 주시는 하나님을 위해 살아가는 것과 같은 맥락이다.

우리가 교리를 공부하는 최종 목적은 하나님께 영광을 돌리기 위함이며,

그러한 삶 가운데서 하나님을 영원토록 즐거워하기 위함임을 잊지 말자. 대·소교리문답에서 공통적으로 다루고 있는 이 질문에 대한 답변의 근거로 고전 10:31; 롬 11:36; 시 73:24-26; 요 17:22, 24 등이 제시되어 있으니, 이 말씀들을 다시금 읽고 묵상해보자.

하나님 안에서만이 인간의 소망과 기쁨이 존재한다

"나를 아시는 주여! 나로 하여금 당신을 알게 하소서. 내 영혼의 힘이 되시는 주님이시여! 내 속에 들어오시고 좌정하셔서 내 영혼으로 하여금 흠도 티도 없도록(엡 5:27) 보존하게 하여 주옵소서. 이것이 나의 소망이기에 내가 입술을 열어 주께 말하나이다(시 116:10). 이 소망 중에 나의 기쁨이 더욱 차고 넘칩니다. 그러나 사람들은 세상일에 열중하여 더 슬퍼해야 할 때에 덜 슬퍼하며 덜 슬퍼해야 할 대에 더 슬퍼합니다. 그러나 오 주님! 당신은 진리를 사랑하십니다(시 51:6). 그리고 진리를 좇는 자는 빛으로 옵니다(요 3:21). 그러므로 나는 당신 앞에서 그리고 많은 증인들 앞에서 이 책을 통하여 그리고 나의 고백을 통하여 내 마음으로 이를 행하려고 합니다."

어거스틴, 『고백록』 제10권 1장 중에서

4장

성경, 인생의 안내자

　남아프리카의 어느 시골 지역을 여행하던 중 차량 연료가 거의 다 떨어져 아주 당황하게 되었던 때가 있었다. 이미 저물녘이었고 허허벌판에는 인적이 없었기에 나와 아내는 무척 곤혹스러웠다. 지금처럼 내비게이션이라도 있었다면 주변의 도로 상황이라도 파악할 수 있었을 텐데, 앞길을 예측하지 못하니 불안하기만 하였고 구원의 주님을 부르지 않을 수 없었다. 우리의 인생길도 그와 같으리라 생각한다. 만약 우리 인생의 내비게이션이라고 할 수 있는 성경이 없다면 우리는 갈팡질팡할 수밖에 없을 것이며, 어디로 가야 할 바를 알지 못할 것이다. 그러기에 거룩하신 하나님께서는 성도들이 나그네 길에서(벧전 2:11) 방향을 잃지 않도록 성경을 주셨으니 이 얼마나 감사한 일인가!

성경을 주신 이유

웨스트민스터 신앙고백서 제1장은 '성경'에 관하여 우리에게 가르치고 있는데 그 내용을 정리해보면 다음과 같다. 즉 우리가 자연을 쳐다볼 때 그리고 창조와 섭리의 일들 속에서도 어렴풋하게나마 하나님의 선과 지혜와 권능을 짐작할 수는 있지만, 그러나 그것들이 '인간의 구원에 필요한' 하나님의 뜻과 지식을 충분히 나타낼 수는 없는 것이므로, 하나님께서는 우리 인간에게 '자신을 계시하시며, 자신의 뜻을 전달하셨는데' 그것이 성경이라고 가르친다.

그러면 성경은 몇 권이며 어떤 책인가? 웨스트민스터 신앙고백서는 구약 39권과 신약 27권을 합하여 전체 66권이며, 성경은 성도의 신앙과 삶의 규칙(the rule of faith and life)이라고 가르친다. 「대교리문답」 제3문에서도 "신구약 성경이 하나님의 말씀이며, 신앙과 행위의 유일한 규칙"이라고 기록되어 있다. 그러므로 우리는 이 성경 말씀을 우리 인생의 내비게이션으로 삼고 그 지시하는 방향들을 따라 갈 때 최종 목적지까지 안전하게 항해할 수 있으며, 그 과정 속에서 하나님께 영광을 돌리며 하나님을 즐거워할 수 있게 되는 것이다.

성경의 정경성

웨스트민스터 신앙고백서는 성경이란 66권 밖에 없으며, 그 외에 어떠한 인간의 저술들도 성경이 될 수 없다고 가르친다. 웨스트민스터 신앙고백서는 제1장 1절에서 명백하게 밝히고 있는데, "그러나 하나님께서 그의 백성에게 그의 뜻을 계시하신 이전의 방법은 지금은 정지되었다"고 단언하는 것이다. 벨기에 신앙고백서 제7장에서도 이 부분에 대하여 아래와 같이 강조한다.

"아무리 거룩한 인간이라 할지라도 그 인간의 글은 거룩한 하나님의 말씀과는 비교할 수 없으며, 세상의 관습이나 고대의 제도, 대중의 태도 그리고 사람들 또는 그들의 판결 혹은 규칙이 하나님의 진리의 말씀과는 동일한 가치가 있다고 여기지 않는 바이다."

그런데도 교회사 속에 나타난 많은 이단들이 정경(正經) 즉 66권의 성경 외에도 자신들의 저술들이 신구약 성경과 같은 권위를 지니고 있는 것이라고 주장했다. 한국의 어느 이설주장자는 말하기를, '자신이 쓴 책은 주님으로부터 듣고 보고 기록한 이 증거가 참이며, 성경 66권을 기록한 선지자들도 그 자신과 같이 하나님으로부터 듣고 본 것만을 기록했다' 고 한다. 그런가하면 또 어떤 이단단체는 '(그들의 교주인) 선생님은 예수님 때 외쳤던 원본 말씀을 깨닫기 원했고, 그래서 수천 년 동안 아무도 몰랐던 진리를 깨닫고 아무도 모르는 진리를 발견했는데, 그것이 바로(자신들의 교리서인) **개론' 이라고 함으로써 성경 이외의 책인 교주의 저술이 성경과 같은 권위를 지니고 있다고 가르친다.

그러므로 우리들은 오직 66권의 성경을 통해서만이 인간 영혼의 구원에 관계된 참된 지식을 얻을 수 있다는 사실을 확신해야 하겠으며, 성경 이외의 그 어떠한 인간의 저술들도 결코 성경적인 권위를 지닐 수 없음을 인정해야 하겠다. 나아가서 우리는 성경을 자신의 신앙과 행위의 유일한 규칙으로 삼아 그 가운데서 하나님의 선하시고 기뻐하시고 온전하신 뜻을 발견하고 실천함으로써 하나님을 영화롭게 하고 영원토록 그를 즐거워할 수 있어야 하겠다.

하나님이 제게 개인적인 계시를 주셨는데요, 어떻게 생각하세요?

어느 청년으로부터 전화가 왔다. 꿈속에서 계시를 받게 되며, 자신에게 '장차 큰일을 할 것'이라고 말씀하신다 한다. 이러한 유형은 직통계시라고 할 수는 없다고 하더라도 위험성이 내포되어 있다. 물론 주님께서는 때로는 개인에게 어떤 뜻을 전달하실 수 있다. 그러나 그 청년에게는 '꿈속 계시'가 너무나도 빈번하게 이뤄지고 있으며, 그는 그러한 성향으로 굳어져가고 있음을 감지할 수 있었다. 그래서 필자는 그에게 조언하기를, 그것이 개인에게 주시는 하나님의 뜻으로 생각할 수는 있겠지만 타인들에게 객관화 혹은 절대화시키는 것은 바람직하지 않다고 했다. 소위 기도를 많이 한다고 하는 사람들 혹은 꿈속에서 계시를 자주 본다고 하는 사람들이 신비주의로 흘러가게 되고, 현재의 이단자들 가운데 다수도 그러한 꿈 속 계시를 자신들의 근거로 삼고 있다. 그러나 꿈이나 이상 같은 것을 추구하는 것 보다 '기록된 하나님의 말씀인 성경'을 통하여 삶 속에서 주님의 뜻을 실천하는 것이 성숙한 신앙인의 태도일 것이다.

 5장

역사 속에서 이뤄지는 것들

한 때 어느 가수는 '하숙생'이라는 노래를 불렀다. 그 노래의 작시자는 천안 삼거리를 오가는 길손들의 애환을 어릴 적부터 보면서 드라마로, 노래로 만들어 보고 싶었다고 한다. 그 노랫말은, "인생은 나그네 길 어디서 왔다가 어디로 가는가"라는 말로써 시작된다. 물론 우리 기독교인들은 인생의 기원과 나아가는 방향을 알고 있다. 인생이 어디에서부터 기원하는지를 알고 삶의 의미를 찾고 그 속에서 보람된 삶을 영위하기 위해서는 '세계역사'의 진행과정을 알아야 한다. 역사가 어떻게 나아가고 있는지를 알게 될 때 우리는 기독교 신앙을 폭넓게 이해하게 되고 한 개인으로서도 풍성한 삶을 살게 된다.

역사의 진행

인간의 창조 이전에도 하나님은 영원부터 존재하셨다. 인간의 존재는 '창조'(Creation)로부터 시작되었다. 그런데 창조된 아름다운 피조물이었던 인간은 하나님께서 금지하신 나무의 실과를 따먹음으로써 범죄하여 '타락'(Fall)하게 되었다. 그러나 하나님께서는 죄악으로 가득 찬 가련한 인간을 위하여 자비로운 '구원'(Salvation)을 허락하셨다. 그 구원의 완성은 하나님이시자 동시에 사람이신 우리 구주 예수 그리스도의 십자가 죽으심과 '부활'(Resurrection)을 통하여 가능해졌다. 부활하신 주님께서는 승천하셨으며, 이제 세계 역사 속에서 마지막 남아 있는 일은 주 예수의 '재림'(Second Coming)이다. 주의 재림과 최후 심판 그리고 신천신지(新天新地, 새 하늘과 새 땅)에서의 최고조의 행복한 삶이 계속될 것이다.

이처럼 인간의 역사 즉 세계 역사라는 것은 '창조 – 타락 – 구속 – 부활 – 재림' 이라고 하는 구조를 가지고 있다. 사실 이러한 역사 이해는 어거스틴과 칼빈 선생을 거쳐 개혁주의 사상가들에 의하여 지속적으로 확신되어 왔다. 바로 이러한 진행 구조를 가리켜 우리는 '직선적인 역사이해'(linear interpretation of history)라고 한다. 그런데 이 역사 속에서는 '영적인 긴장과 투쟁'이 일어나고 있다. 즉 어거스틴의 표현대로 하자면, 거룩한 도성이라고 불리는 '하나님의 도성'(the heavenly city)과 지상의 도성(the earthly city) 즉 구원받지 못한 세력들과의 영적 긴장과 투쟁의 역사인 것이다.

역사 속의 확신

그러면 이 역사의 흐름과 소용돌이와 긴장 속에서 성도된 우리가 늘 기억하고 확신하고 있어야 할 사실은 무엇일까? 우리 자신의 삶과 교회 생활과 이 모든 인생길에 있어서 성도가 확신해야 할 두 가지 요소가 있다. 먼저, 우리는 인생사 속에서 '하나님의 섭리'(Providence of God)를 확신해야 한다. 우리 자신의 삶이 안정을 찾지 못하고 있을 때에도, 불안하고, 병들어 있을 때에도, 행복한 생활이 지속되고 있을 때에도, 우리는 늘 하나님께서 우리 삶 속에 개입하시고 간섭해 가시고 다스려 가신다는 사실을 믿어야 한다. 왜냐하면 하나님께서 다스리시고 개입하시고 이끌어 가시기 때문이다. 그것이 바로 '하나님의 섭리'이다. 한때 케임브리지 대학교의 저명한 역사 교수였던 버터필드(Herbert Butterfield)는 그의 책『역사 안에서의 하나님』(God in History)이라는 책에서 다음과 같이 말한 바 있다

> "세계는 마치 하나님이 존재하지 않는 것 같이 생각하고 행동한다. 하나님과의 진정한 접촉을 상실하여 무언가 유기되고 상속권을 박탈당한 오늘날의 세계에서 우리들은 크리스천으로서의 삶을 살아가는 데 있어서 실제로 존재하는 하나님을 확신해야 한다."

다음으로, 우리는 우리의 인생사, 넓게는 역사 속에서 '성령 하나님의 인도하심'(Guidance of the Holy Spirit)을 확신하며 살아야 한다. 어거스틴은 On the Spirit and the Letter에서 눅 11:20에 근거하여 하나님의 손(가락)이 성도들을 완전한 무리 속으로 모으신다고 했다. 칼빈도 교회 역사와 관련해 성령의 활동을 언급하고 있는데,『기독교강요』4권에서 칼빈은 말하기를, "성령은 확실히 하나님의 백성과 함께 여전히 현존하신다. 그분(성령)의 인도와 지도하심이 없이는 하나님의 교회는 존속할 수 없다"고 했다.

역사의 목적

그러면, 우리의 삶 속에서 이루어져야 할 '인생의 목적' 혹은 '역사의 목

적'은 무엇일까? 어거스틴의 「하나님의 도성」(City of God) XIV.10, XIV.23을 설명하면서, 판 우어르트(Van Oort)는 어거스틴의 역사 개념에 있어서 '역사의 목적'이란 바로 '(구원받기로) 예정된 자들의 수(the number of those who are predestined)가 완성되는 것'이라고 했다. 물론 많은 기독교 역사가들이 이 점을 언급하고 있다. 그렇다. 우리의 삶과 이 세계 역사 속에서 성취되어야 할 역사의 목적이 있다면 그것은 바로 구원받을 자들이 하나님 품으로 돌아오는 것이다. 그러므로 우리들은 이제 직선적으로 진전하는 세계 역사의 흐름 속에서 잃은 자를 구원하려고 하는 하나님의 의도를 기억하고 역사의 목적에 부합한 삶을 살아야 하겠다.

✤ 학습 문제

1. 제네바교회 교리문답에서는 인간의 삶의 제일 된 목적을 무엇이라고 말하는가?

2. '하나님의 섭리'에 관해 하이델베르크 교리문답의 제27문은 무엇이라고 말하는가?

3. 하나님께서 섭리하신다고 하는 사실이 우리들에게 가져다주는 유익은 무엇인가?

4. 매튜 핸리는 하나님을 즐거워하는 삶이란 어떤 삶이라고 말하였는가?

5. 고전 10:31; 롬 11:36; 시 73:24-26; 요 17:22, 24 등의 성경구절들이 말하고 있는 바는 무엇인가?

6. 우리가 가진 66권의 성경 외에 또 다른 책들은 성경이 될 수 있는가?

7. 기독교의 역사관의 유형이 직선적이라고 할 때 그 도식을 기록해 보라.

8. 우리가 살아가는 역사 속에서 지녀야할 지혜로운 태도는 무엇인가? (웨스트민스터 대교리문답 제33장 3절 참조)

| 제2부 |

삼위일체이신 하나님

 1장

삼위일체

"예수님이 아버지요, 아들이요, 성령이시다." "성령 하나님은 독자적으로 계시는 하나님이 아니라 한 분 하나님의 활동을 성령 하나님이라고 합니다. 성령은 아버지와 아들과 같은 인격이 없습니다." "예수님 자신이 아버지이고 성령이고 아들이라고 증거하셨다." "이 (삼위일체) 교리가 니케아 회의에서 생겨났는데 이 교리 때문에 유럽의 교회가 거의 망했고 미국도 망해가고 있고 한국도 부흥이 되지 않고 침체되어 가는 상황에 있습니다. 한국도 기존의 교리를 계속 유지한다면 머지않아 유럽 교회의 전철을 밟게 되어 있습니다. 그러므로 빨리 큰 붉은 용의 교리! 교회를 깨뜨리는 그 교리를 깨닫고 교회를 살려야 합니다."

위에 언급한 이러한 표현들은 언젠가 연구의 대상으로 삼았던 어느 단체에서 가르치고 있는 그릇된 사상이다. 양태론적 표현일 뿐 아니라 거기에서 더 나아가서 삼위일체론까지도 부정하고 있는 것을 역력히 볼 수 있다. 그 단체는 언론들을 통하여 마치 우리 교단의 연구가 잘못된 것처럼 광고를 하고 있으나, 위와 같이 삼위일체론을 확립한 니케아(Nicea)회의의 결정까지도 공격하면서 그 삼위일체 교리를 '붉은 용의 교리'라고까지 한 사실은 점차 한국 교계에 알려지게 되리라고 생각한다.

사실 삼위일체론이 확립되기까지는 교회 역사의 초기부터 많은 논란이 있어 왔다. 그 와중에서 경건하여 존경의 대상이 되었던 이들까지도 삼위일체에 대한 그릇된 견해로 말미암아 이단으로 규정되기도 했다. 교회는 그러한 이설 주장자들에 대항하여 선한 싸움을 싸우는 과정 속에서 바른 신앙에 근거한 삼위일체론을 정립하게 된 것이다. 터툴리안이 사용하기 시작한 이 단어는 교회의 회의들을 거치면서 하나님의 본질을 언급하기에 가장 적합한 신학적 술어로 사용되어 왔다.

삼위일체의 정의

'삼위일체'란 하나님은 한 분(one God)이신데 삼위(三位, three persons)로 존재하신다는 의미이다. 니케아 회의(325)부터 시작하여 콘스탄티노플 회의(381)와 칼세돈 회의(451) 등을 거치면서 확립된 삼위일체론의 요점은 웨스트민스터 신앙고백서 제2장 3절에서도 잘 요약되어 있다.

> "하나님의 본체는 삼위가 계시는데 성부 하나님, 성자 하나님, 성령 하나님으로 그 실체와 권능과 영원성은 하나이시다. 성부는 누구에게 속하지도 않으시고 어디에서 나거나 나오지도 않으시고, 성자는 영원히 성부에게서 나시고, 성령은 영원한 성부와 성자에게서 오신 것이다."

이와 관련하여 벨기에 신앙고백서 제8장에서는 하나님은 한 분이신데 위격에 있어서는 서로 구별되시는데, 성부는 성자가 아니시며, 성자는 성부가 아니신데, 이와 마찬가지로 성령은 성부도 아니시며 성자도 아니심이 명백하다고 가르친다.

삼위 간에는 구별

벨기에 신앙고백서 제9장에서는 한 분 하나님의 삼위에 대한 성경적인 증거들을 몇 가지 들고 있는데, 그 가운데는 창 1:26-27; 창 3:22; 마 3:16; 마 28:19; 고후 13:13 등을 제시하고 있다. 이 고백서는 창세기 1장과 3장이 '하나님을 중심으로 한 그 속에 한 위 이상의 또 다른 위가 계심을 보여준다'고 가르치는데, 저명한 신학자 유해무 교수는 이 부분에 대하여 '하나님의 내적인 자기 협의를 보여준다'고 설명한다.

벨기에 신앙고백서는 이 삼위일체에 대한 가르침은 사도 시대로부터 오늘날에 이르기까지 참된 교회의 가르침에 의하여 늘 확증되었고 주장되어 왔음을 강조한다. 그리고 나아가서 교회사 속에서 교회를 혼란스럽게 했던 유대교나 이슬람을 포함하여 마르시온, 마니교, 프락세아스, 사벨리우스, 사모사테누스, 아리우스 등 기독교로부터 '거짓 기독교' 혹은 '이단들'이라고 정죄 받은 자들의 주장과는 다른 것임을 강조한다. 그러므로 오늘 우리들도 역사적 교회가 성경과 바른 신학에 근거하여 오늘 우리들에게 전수하여 준 바 삼위일체의 교리를 굳게 신앙하면서 하나님께 영광을 돌리는 삶을 살아야 할 것이다.

삼위일체를 잘못 이해한 이단들

삼위일체론과 연관된 초기 교회사에서 대표적인 이단은 양태론(Modalism)이라고 할 수 있다. 주후 200년 경 사벨리우스(Sabellius)에 의해 주장된 이 교리는 성부, 성자, 성령을 단지 '한 하나님의 세 존재 양태 혹은 현현으로 이해' 했다. 즉 하나님은 시대와 환경에 따라서 자신을 각기 다른 '형태' 혹은 '양식' (modes)으로 계시하셨다는 학설이다. 이러한 양태론은 그리스도의 신성은 받아들이면서도 창조부터 영원까지 성부와 함께 일하신다는 사실을 받아들이지 않는다. 또한 성령의 인격성을 부인하며, 한 하나님 안에서 세 인격들이 상호 동등한 권위와 경륜을 하고 계심을 인정치 않는다. '유니테리언' (Unitarians) 역시 성부만 존재한다고 주장함으로써 삼위일체를 부인했던 한 분파이다. 그들은 삼위일체 교리를 부인할 뿐만 아니라 인간이 완전해질 수 있다는 극단적인 견해를 가지기도 했다. 그들은 "그리스도가 보통 인간보다 우월하다는 것은 인정하나 삼위일체 하나님의 한 분(person)이라고 받아들일 수는 없다"고 했던 것이다. 한국교회에서도 양태론적 설교를 한 이들이 있기도 하다. 그들 가운데는 '아버지께서 피 쏟아 나를 나으셨다' 고 함으로써 그리스도 예수가 아닌 성부가 피를 흘리셨다는 주장을 한 이도 있다.

 2장

하나님의 성호와 속성

"하나님이 사람 되신 목적은 생명과 본성에서 우리가 하나님 되는 갈망 때문이었네", "하나님이 사람을 창조한 목적은 하나님 자신을 사람 속에 넣어서 사람과 연합하여 하나님과 같게 되게 하기 위해서였다." "우리는 분명 하나님들이 될 것이다. 성도들이여, 틀림없이 하나님들이 될 것이다. 어느 날 아침 나의 자매가 나에게 '하나님, 안녕하세요?' 라고 할 것이다."

이러한 표현들은 한국의 몇몇 교단들이 이단으로 규정한 한 단체의 찬송가와 책들 속에서 발견된다. 물론 인간은 결코 하나님만이 가지시는 속성을 가질 수는 없다. 그리고 인간은 결코 하나님이 될 수도 없다. 하나님의 이름들과 하나님의 속성들을 살펴볼 때 우리 인간은 창조주 하나님과 인간간의 분명한 차이점들을 직시하게 된다.

구약과 신약에 나타난 대표적인 하나님의 이름들

이근삼 박사는 구약에서 계시하여주신 하나님의 성호를 일반적인 이름들과 언약적인 이름으로 나눠서 설명한다. 일반적인 이름들로는 '엘', '엘로힘'(하나님, 창 1:1-2:3), '엘 샤다이'(전능하신 하나님, 창 17:1), '엘 오람'(영원하신 하나님, 창 21:33), '엘 로이'(감찰하시는 하나님, 창 16:13-14), '아도나이'(주, 시 45:11) 등이 있다. 특히 구약에는 하나님의 언약적 명칭인 '야웨'(여호와)라는 이름이 계시되어 있다. 모세가 하나님의 이름을 물었을 때 하나님께서 모세에게 '나는 스스로 있는 자니라'(출 3:13-15)고 하셨다. 이 언약적인 이름은 하나님의 속성과 관련되어 '야웨 이레'(창 22:14), '야웨 살롬'(삿 6:24), '야웨 닛시'(출17:15-16), '야웨 삼마'(여호와께서 거기 계시다, 겔 48:35), '야웨 처바오트'(만군의 하나님, 삼상 1:3) 등으로 계시되기도 했다.

그러면 신약성경에서 하나님의 이름들은 어떻게 계시되었는가? 물론 구약의 명칭들은 신약에도 있다. '엘로힘'은 '데오스' 하나님으로, 아브라함의 하나님 이삭의 하나님 야곱의 하나님은 '이스라엘의 하나님'으로, '야웨' 하나님은 '알파와 오메가', '처음과 나중', '주 하나님'으로, '아도나이'는 '주'로 각각 불리고 있다. 그런데 신약에는 그러한 구약적 이름들 외에도 독특한 하나님의 이름이 등장하는데, 그것은 바로 "아버지"라는 이름이시다. 예수님이 "하늘에 계신 우리 아버지여"라고 부르라고 가르치셨고(마 6:9) 또 예수님 자신이 하나님을 '아바 아버지'라는 애칭으로 부르셨다(막 14:36). 신약에서는 "아버지"는 새롭고도 개인적인 칭호가 되었다.

하나님의 속성들

이제 우리는 하나님의 '속성' 즉 성품들에 대하여 살펴보자. 우리가 '하나님의 속성들'이라고 할 때 그것은 하나님이 사역 가운데서 보여주시는 당신의 모습들, 예를 들자면 사랑, 자비, 의, 거룩 등과 같은 특성들을 의미한다. 흔히들 하나님의 속성에 대하여 설명하려 할 때 '비공유적 속성'과 '공유적 속성'이라는 말을 사용한다. '비공유적 속성'이란 하나님께만 있고 피조물들에게는 없는 것으로서 하나님의 자존성, 불변성, 무한성, 유일성 등을 말한다. 가령 '하나님의 자존성'(自存性)이란 하나님은 그의 존재의 근거를 자체 안에 가지신다는 것을 의미한다. 그에 비하여 피조물들은 그 존재의 근거를 자신 밖에 가지고 있고 의존적인 것이 하나님과 다른 점이다(요 5:26; 출 3:14; 행 17:25; 엡 1:1). 하나님은 그 존재와 본질에 있어서 불변하실 뿐 아니라 그의 뜻, 목적, 작정에 있어서도 변치 아니하신다는 것이 '불변성'이다(사 41:4; 43:10; 삼상 15:29). 그리고 하나님은 자신 외의 어떤 것으로부터도 제한을 받거나 국한되지 않으시는 것은 하나님의 무한성이다(시 145:3; 왕상 8:27).

그리고 '공유적 속성'이란, 하나님의 형상으로 지음 받은 인간에게도 그와 유사한 것을 지니고 있음을 말하는 것인데, '생명, 지식, 의지' 등이 그것이다. 그러나 유해무 교수도 강조하듯이, 공유적 속성은 오직 그리스도의 사역에 기초하여 성령의 능력으로 구원받은 성도의 속성이 될 수 있는 것이다. 다만 구원받은 성도만이 하나님이 가지신 속성을 공유할 수 있을 뿐이다. 그러므로 우리들은 하나님의 비공유적 속성과 공유적 속성을 말함에 있어서 그것을 단순히 하나님과 인간이 공유할 수 있는 속성으로만 이해해 버리는 것은 조심해야 하겠다. 왜냐하면 하나님의 속성을 말하는 것이 이미 '송영'이며, 송영은 하나님께만 돌려야 하기 때문이다.

성경에 나오는 하나님은 한국 신화에 나오는 '한울님'이 맞나요?

'2천년 전통교리에 이상 있다'고 주장하면서 성경의 정통교리를 부인하고 자신의 견해가 옳다고 주장한 어떤 이는 말하기를, 한국의 전통 문화에서 견지되어져 오고 때로는 숭배되는 '한울님'이란 바로 성경의 '하나님'과 동일하다고 주장했다. 그리고 한국인들의 조상들이 섬기던 그 하나님이 오늘의 우리가 섬기는 하나님이 틀림없다고 했다. 그러나 이러한 주장은 어불성설이다. 우리는 우리 민족의 고래의 토속 종교에 나타나는 이름을 하나님의 이름이라고 할 수 없다. 일부 극단적인 토착화신학자들도 그러한 접근을 한 바 있지만, 위와 같은 어느 이단 지도자의 말은 성경의 가르침에 어긋난다.

 3장

하나님의 작정

우리는 뜻을 세워 어떤 일을 추진해 가다가도 종종 포기해버릴 때가 있다. 그런가 하면 처음 의도와는 전혀 다른 방향으로 그 뜻을 변경시켜 진행하기도 한다. 왜냐하면 모든 일들이 다 우리가 마음먹은 대로 되는 것은 아니기 때문이기도 하고 때로는 처음에 계획했던 것보다 더 좋은 생각이 떠오르기도 하기 때문이다. 이러한 모습들이 우리 인간의 한계임을 우리는 잘 알고 있다. 그러면 우리가 믿는 하나님도 그 뜻을 번복하고 수정해가실까? 그렇지 않다. 거룩하신 성삼위일체 하나님은 '영원 전부터 가장 지혜로우시며 가장 거룩한 자신의 뜻에 따라 무엇이듯이 자유롭게 또는 변할 수 없게 정하신' 분이시다(웨스트민스터 신앙고백서 제3장 1절. 웨스트민스터 소교리문답 제7문). 이것이 곧 하나님의 작정(divine decrees)의 교리이다.

하나님의 작정의 특징

하나님은 장차 일어날 모든 것을 영원 전부터 주권적으로 결정하시고 모든 피조물들에게 자기의 주권적 의지를 행하시되, 미리 정하신 계획에 따라서 행하신다. 하나님은 모든 일을 그 마음의 원대로 역사하시는 분이시다(엡 1:11). 하나님께서는 창조하시고 섭리하시는 일을 통해 자기의 작정을 이루시는데(웨스트민스터 소교리문답 8문), 하나님의 작정은 몇 가지 특징을 지니고 있다. 즉 하나님의 작정은 엡 3:11에서 "영원부터 우리 주 예수 그리스도 안에서 예정하신 뜻대로 하신 것"이라고 하셨듯이 영원하다. 그리고 사 40:13-14에서 "누가 여호와의 신을 지도하였으며, 그의 모사가 되어 그를 가르쳤으랴"라고 말씀하시듯이 자유로우시다. 욥 23:13에서 "그는 뜻이 일정하시니 누가 능히 돌이킬까. 그 마음에 하고자 하시는 것이면 그것을 행하시나니"라고 하시듯이 불변하시다. 그리고 그것은 그분의 영원성과 불변성 그리고 하나님의 기쁘신 뜻에 의존하는 것이므로 그것은 절대적인 동시에, 구원과 영생에 있어 인간의 회개와 신앙을 조건으로 되는 것이니 조건적이시다(눅 13:3; 막 16:16).

하나님의 선택

그런데, 이근삼 박사도 『기독교의 기본교리』에서 잘 서술하고 있는 것처럼, 하나님의 '작정'은 전체 포괄적인 계획을 말하며, 하나님의 '예정'은 그 포괄적 계획 속에 있는 인간 구원에 관한 특수적 작정계획을 의미한다(엡 1:3-5). 그런데 이 예정에는 '선택'과 '유기'라고 두 교리가 있다. 먼저 '선택'이란 성부 하나님이 일정한 수의 개인들을 죄악된 세상에서 택하시고 성자에게서 그의 언약을 실행할 것을 작정하시고, 성자는 성부가 택하여 주신 사람들을 구원함에 필요한 구속을 동의하시고, 성령은 성자의 구속을 택자에게 적용시키는 것이다. 이 선택은 하나님의 기쁘신 뜻에 따라서 그의 주권적 의지에 따라서 하신 것이며, 창세 전에 된 것이며, 그리스도 안에서 하신 것이다(엡 1:4, 9; 딤후 1:9). 그런데 이 선택은 사람의 신앙이나 선행의 조건 없이 하나님의 주권적인 뜻에 따라 되는 것이므로 무조건적이라 할 수 있다.

하나님의 유기

그러면 '유기'란 무엇을 의미하는가? 하나님은 예정하심에 있어 어떤 이들은 구원으로 무조건적으로 선택하시고, 또 어떤 이들에게는 그들이 믿어 구원 받는 것을 거절하는 것을 허용하시기로 작정하신 것이다. 이와 관련하여 웨스트민스터 신앙고백서 제3장 3절에서는 아래와 같이 설명하다.

> "하나님께서 그의 영광을 나타내시기 위하여 그의 작정으로 어떤 사람들과 천사들은 영생을 얻도록 하시고 다른 사람들과 천사들은 영원한 죽음에 이르도록 선정(先定)하셨다."

그리고 도르트 신경의 첫째 교리 '하나님의 선택과 유기' 제6장에서는 아래와 같이 기록하고 있다.

> "하나님은 택한 자로 하여금 마음 문을 열게 하여 믿도록 하시며, 반면에 택하지 않은 사람들은 그 사악함과 고집대로 내버려두사 심판을 받게 하신다."

그런데 이렇게 예정되고 먼저 정해진 이들 천사들과 사람들은 개별적 또는 불변적으로 계획되어진 것이니, 그들의 수는 극히 확실하고 한정되어서 더해질 수도 없고 감해질 수도 없다는 점도 웨스트민스터 신앙고백서 제3

장 4절은 말하고 있다.

 그러므로 우리는 우리 자신이 하나님의 작정과 그것을 이루어 가시는 섭리하심 속에 존재하고 있음을 자각하고 그 크신 은혜를 감사하면서, 박윤선 박사가 사랑하던 문구이기도 했던 바 '송영위주'(頌榮爲主)의 삶을 살아야 하겠다.

 4장

예수님의 신성과 인성

예수 그리스도는 하나님이 아니고 하나님이 최초로 창조한 인간이므로 신성을 가지지 않고 태어났다고 주장하는 이단이 있다. 그런가하면 또 어떤 이단은 주장하기를, 육으로는 다윗의 혈통에서 나셨고(롬1:3)라고 했으니 예수 그리스도는 사람의 씨로 난 것이지 성령의 씨가 아니라고 함으로써 예수의 성령 잉태를 부인하기도 한다. 또 다른 이단은 주장하기를, 예수 그리스도는 하나님의 독생자도 아니며 창조주로서 신성을 가지신 분도 아니고 우리와 같은 인간인데 하나님의 불꽃으로 감화되어 신적인 존재가 된 것에 불과하다고 주장한다.

종종 이단강의를 할 때마다 필자는 청중들에게 질문을 던져본다. "예수님이 하나님이라고 생각하는 분은 손들어 보십시오." "예수님이 사람이라고 생각하는 분은 손 들어보십시오." 그렇게 요구하면 전자의 경우에 손을 드는 이와 후자의 경우에 손을 드는 이들이 전체 성도들 가운데 대략 10-15% 정도 있는 것 같았다. 그리고 "예수님이 하나님이시기도 하고 사람이기도 하다고 생각하는 분이 계세요?"라고 물으면 손을 드는 이들이 약 20-30% 정도 되는 듯했다. 물론 이것은 어디까지나 필자가 강단 앞에서 목측한 것이므로 정확한 수치일 수는 없을 것이다. 아마도 일선 목회자들이 필자와 같은 방법으로 자신의 교회 성도들을 향하여 질문을 던진다면 이와 비슷한 현상을 발견하리라 짐작한다.

인간의 몸으로 오신 예수님

웨스트민스터 신앙고백서 제8장에서는 「중보자 예수 그리스도」에 대하여 설명하고 있는 가운데 특히 2절에서는 예수님이 어떤 성품을 지니셨는지 명확하게 말하고 있다.

> "삼위일체이신 제2위 하나님의 아들은 참되시고 영원하신 하나님이셔서 성부와 한 본체이시며 동등이시나 때가 차매 인성(人性)을 취하여 사람이 되셨다. 사람에 속하는 모든 본질적 요소와 공통적 연약을 함께 취하셨으되 죄는 없으셨으니 그는 성령의 권능에 의하여 동정녀 마리아의 몸에 잉태되어 그 여인의 몸에서 태어났다. 그러므로 온전하고 완전하고 판이한 두 본성 즉 신성과 인성이 변질, 합성, 혼동 없고 한 위에 분리될 수 없이 결합되었다. 이 부분은 참 하나님이시오 참 사람이시며, 한 그리스도요, 하나님과 사람 사이에 유일한 중보자가 되신다."

참 하나님과 참 사람이신 예수님

이 고백서에서 강조하여 말하고 있는 것은 예수님은 곧 '참 하나님이시며 참 사람(vere Deus vere homo)' 이라는 사실이다. 이러한 결론은 사실 A. D. 451년에 열렸던 칼세돈 공의회(The Council of Chacedon)에서 확인된 것이었다. 그 회의에서 강조된 바를 이근삼 박사는 예수님의 신성과 인성의 불혼합(no mixture), 불변(no change), 불분할(no division), 불분리(no separation)으로 설명했다. 물론 개혁자 칼빈도 『기독교강요』 2권 14장에서 그리스도가 참 하나님이시요 사람이심을 상술하면서 네스토리우스, 유티케스, 세르베투스 등의 견해들을 비판했다.

예수님이 인간으로 오신 이유

그러면 왜 예수님은 신성에 인성을 취하셔야 했는가? 왜 하나님의 아들이 인간의 성품을 지니셔야 했는가? 그것은 전적으로 성삼위 하나님의 거룩하신 섭리 속에서 되어진 일이다. 두 성품을 지니셨으나 한 성품이 다른 성품과 혼합되어버리지 않고 분리되지도 않은 상태로 결합되셨다. 우리 주 예수 그리스도는 인성을 지니셨으나 우리들과는 달리 죄가 없는 분이셨다. 예수님 안에 두 성품이 신비로이 결합되신 것은 무엇을 위함이었던가? 그것은 우리 같은 죄인들로 하여금 하나님의 크신 긍휼과 은총을 입도록 하시기 위함이었다. 우리 인간의 죄악이 그토록 심각하며 치명적이었기에 주 예수께서 인간의 몸을 입고 오셔야만 했던 것이다. 먹물이 묻은 붓을 씻어보라. 그러면 '먹빛 보다 더 검은' 이라고 하는 찬송가를 제대로 이해할 수 있을 것이다. 예수님이 신성에 인성을 취하신 것은 먹빛 보다 더 검은 우리의 죄들을 용서해주시고 하나님의 자녀로 삼으시기 위함이셨다. 어떤 이단이 부르는 찬송가 중에는 "하나님이 사람 되심은 우리로 하나님 되게 하심

일세"라는 구절이 있다. 그러나 그것은 그릇된 교리이다. 왜냐하면 하나님 사람 되심 즉 성자 예수께서 인간의 몸을 입고 오신 목적은 하나님과 사람 사이에 유일한 중보자가 되시기 위함이었기 때문이다(웨스트민스터 대교리문답 제38, 39문답; 하이델베르크 교리문답 제16, 17문답).

그러므로 우리는 예수 그리스도의 신성과 인성을 생각할 때마다 죄인들에게 긍휼을 베푸시는 하나님의 은총을 높이 찬송해야 하겠다.

주 예수께 대한 어거스틴의 고백

오 하나님이시여! 당신은 우리에게 은밀한 자비를 베푸시어 우리 인간들에게 참된 중보자를 보내 주셨습니다. 그리하여 우리로 하여금 그가 보여 주신 겸손을 본받게 하셨습니다. "하나님은 한 분이시요 또 하나님과 사람 사이에 중보도 한 분이시니 곧 사람이신 그리스도 예수이십니다(딤전 2:5). 그는 죄로 말미암아 죽을 인간과 영원한 공의 되시는 하나님 사이를 중보하셨습니다. 그는 인간처럼 죽을 수밖에 없는 육신을 입으셨으나 영원히 사시는 공의로운 하나님이십니다. 그는 공의로 하나님과 한 몸을 이루셨고 그가 의롭다 하신 성도들과 함께 죽음을 이기셨습니다. 그분은 성도들과 함께 공통된 죽음을 죽으심으로써 죽음을 이기셨습니다."

어거스틴, 『고백록』 제10권 43장

 5장

예수님의 삼중 직분

예수님은 메시아 즉 기름부음 받은 자로서 이 땅에 오셨다. 신성에 인성을 취하여 참 하나님이시자 참사람으로서 구속 사역을 행하셨다. 그런데 그리스도의 인격과 사역은 전통적으로 볼 때 세 가지 직분(3중 직분)에 의하여 이해되어져 왔다. 그 세 가지 직분이란 곧 선지자, 제사장, 왕의 직분을 말하는데 그것은 칼빈(Calvin) 선생에 의하여 보편화되었다고 할 수 있다 (『기독교강요』 제2권 15장). 그러면 '기름부음 받은 자'로 오신 그리스도 예수께서 어떻게 3중직을 지니셨으며 또 그리스도께서 그 직분들을 수행하셨다고 할 때(웨스트민스터 신앙고백서 제8장;「대교리문답」 제43-45문; 소교리문답 24-26문; 하이델베르크 교리문답 제31문) 그것은 구체적으로 무엇을 의미하는가?

예수님의 선지자 직분

선지자(先知者)란 구약에서 '나비'(창 20:7), '로에'(선견자, 삼상 9:9)와 같은 단어로 묘사되었는데, 그것은 본질적으로 하나님의 말씀을 대언한다고 하는 성격이 강한 말이었다. 그래서 구약의 선지자들은 그들의 대언 전에 종종 "하나님(여호와)께서 가라사대…."라는 말을 먼저 선언하면서 그 대언의 내용을 하나님의 백성들에게 전달했던 것이다. 그러나 예수님께서는, "내가 너희에게 이르노니…."라고 하시면서 자신의 말씀의 직접적인 권위를 보이기도 하셨다. 소교리문답 24문에서는 아래와 같이 설명한다.

"그리스도께서 선지자의 직분을 행하심은 우리를 구원하시려는 하나님의 뜻을 그의 말씀과 성령으로 말미암아(요 15:15, 20:31; 벧후 1:21; 요 14:26; 히 1:1-2) 우리에게 나타내심(요 1:1, 4, 6:63; 눅 4:8-21)이다."

예수님의 제사장 직분

「대교리문답」제44문에서 이 부분을 묻고 그에 대하여 다음과 같이 답한다.

"그리스도께서 제사장의 직분을 행하시는 것은 단번에 자기를 흠 없는 제물로 하나님께 드려 그 백성의 죄 대신 화목제물이 되시고 또 저희를 위하여 항상 간구하시는 것이다."

구약에서 제사장들이 하던 역할은 제물을 가지고 나아온 죄인을 대신하여 하나님 앞에서 제사를 집전하는 것이었다고 할 수 있다. 그러나 그들 역시 자신들의 죄 용서를 위하여 제사를 드려야만 했다. 반면에 우리 주 예수 그리스도는 어떠하신가? 히브리서는 예수님을 '대제사장'(high priest)이라고 묘사한다. 예수님은 그 자신이 죄가 없는 존재로서 죄인들이 그분 자신을 통하여 하나님께로 나아가도록 하신 분이시다. 주 예수님께서는 자신의 몸을 '단번에'(once for all, 히 9:26, 28) 희생의 제물로 드리신 분이시다. 그 자신이 속죄의 제물이 되신 예수 그리스도이시기에 그분은 영원한 대제사장으로 묘사되는 것이다. 하이델베르크 교리문답 31문답에서 설명하고 있듯이, 그리스도는 '우리의 유일한 대제사장이 되셔서 그의 몸의 희생을 통하여 우리를 구속하시고, 우리를 위하여 하나님께 도고의 기도를' 드리시는 것이다. 이러한 우리 주님의 제사장적 행위를 소교리문답 제25문답에서는 말하기를 "단번에 자기를 제물로 드려(히 7:25) 하나님의 공의를 만족하게 하시고(히 9:14; 롬 3:26, 10:4) 우리를 하나님과 더불어 화목하게 하시고(히 2:17, 9:14; 엡 2:16) 우리를 위하여 항상 간구"하신다(롬 8:34; 히 7:25, 9:28; 요일 2:1)고 표현하고 있다.

예수님의 왕의 직분

그리스도께서 왕의 직분을 감당하신다는 말씀은 무슨 뜻인가? 소교리문답 26문답에서는 그리스도께서 이 직분을 행하시는 것은 '우리를 자기에게 복종하게 하시고(시 110:3) 우리를 다스리시며(사 33:22; 마 18:17-18) 보호하시고(사 63:9) 자기와 우리의 모든 원수를 제어하고 이기시는 것'(고전 15:25, 55-57; 행 12:17, 18:9-10)이라고 밝히고 있다. 하이델베르크 교리문답 31문에서는 그리스도께서는 '우리의 영원한 왕이 되셔서 그의 말씀과 영에 의해서 우리를 다스리시고, 그가 우리를 위하여 성취하신 구속을 보호하시고 계속 유지' 하신다는 것을 설명하고 있다(시 2:6; 슥 9:9; 마 21:5; 눅 1:33; 마 28:18; 요 10:28; 계 12:10-11).

칼빈 선생도 '그리스도'라는 칭호가 왕, 제사장, 선지자 직분에 관계되어 있음을 상기시켰거니와(『기독교강요』, 제2권 15장) 우리 인간은 그리스도 예수의 사역에 의하여 하나님께로 나아갈 수 있게 되었다. 우리가 그리스도로 말미암아 하나님의 은혜의 보좌로 담대히 나아갈 수 있게 된 것은 얼마나 큰 복인가! 나 같은 죄인을 구원하시기 위하여 예수 그리스도께서 담당하신 사역들을 묵상하면서 그 은혜를 감사하고 노래하자.

> **히브리서 4장**
>
> "그러므로 우리에게 큰 대제사장이 있으니 승천하신 자 곧 하나님 아들 예수시라 우리가 믿는 도리를 굳게 잡을지어다. 우리에게 있는 대제사장은 우리 연약함을 체휼하지 아니하는 자가 아니요 모든 일에 우리와 한결같이 시험을 받은 자로되 죄는 없으시니라. 그러므로 우리가 긍휼하심을 받고 때를 따라 돕는 은혜를 얻기 위하여 은혜의 보좌 앞에 담대히 나아갈 것이니라."
>
> 히브리서 4:14-16

6장

예수님의 낮아지심과 높아지심

이 세상에서 가장 신비로운 일은 바로 하나님의 아들이 사람으로 오신 것이라고 할 수 있다. 그것은 전적으로 하나님의 사랑에 기인한다(요 3:16). 하나님께서 인간을 불쌍히 여기시고 사랑하는 마음이 가득하셨기 때문에 독생 성자 예수 그리스도로 하여금 인간의 몸을 취하여 이 땅에 오게 하셨다. 주 예수님은 우리를 구원하시기 위하여 자신을 낮추셨으며 또한 높아지셨다. 웨스트민스터 신앙고백서 제8장 4절에서는 이 사실에 대하여 다음과 같이 설명하고 있다.

"주 예수는 그 직책을 가장 기쁘게 맡으시고(사 40:7-8; 빌 2:5-8) 이것을 수행하기 위하여 율법 아래 나시고(갈 4:4) 율법을 완전히 준수하셨다(마

3:15; 요 17:4). 그 영혼의 극심한 괴로움을 친히 참으시고(마 26:37-38, 27:46; 눅 22:44), 그의 신체에 가장 아픈 고난을 견디시고(마 26-27장) 십자가에 못 박혀 죽으시고(빌 2:8), 장사되어 사망의 권세 아래 머물러 계셨으나 썩음을 보지 않으셨다(행 2:24, 27, 13:37). 삼일 만에 그는 고난을 받으신 그 동일한 몸으로(요 20:25,27) 죽은 자 가운데서 살아나시고(고전 15:4) 또 그 몸을 가지고 하늘에 오르사 그의 아버지의 우편에 앉으셔서(눅 24:50-51; 행 1:9, 2:33-36) 간구하시는데(롬 8:34; 히 7:25) 세상 끝에 사람들과 천사들을 심판하러 오실 것이다(행 10:42; 마 13:40-42, 16:27, 25:31-33; 딤후 4:1)."

그리스도의 낮아지심

이상의 내용 가운데 전반부 즉 우리 죄인들을 위하여 자기의 영광을 버리시고 종의 형상을 취하셔서 성령으로 잉태되어 동정녀 마리아에게 나시고 지상에서 사시다가 십자가에 못 박혀 죽으시고 죽으신 후 부활하기까지의 상태를 가리켜 그리스도의 낮아지심의 상태(estate of humiliation)라고 한다(웨스트민스터 대교리문답 46문답). 그리고 그리스도의 부활, 승천, 성부의 우편에 앉으심과 세상을 심판하기 위하여 다시 오실 것 등을 가리켜 그리스도의 높아지심의 상태(estate of exaltation)라고 일컫는다(웨스트민스터 대교리문답 제52문답).

그리스도의 낮아지심의 이유

그렇다. 주님은 우리 같은 죄인들의 죄를 용서해주시고 하나님의 자녀로 삼으시고 영원한 기업을 주시기 위하여 치욕을 당하신 것이다. 하이델베르크 교리문답 제37문에서 말하고 있듯이, 주님은 지상 생활, 특히 마지막 생애에 있어서 전 인류의 죄에 대한 하나님의 진노를 육체와 영혼 안에서 감당하셔서(사 53:4; 벧전 2:24; 딤전 2:6), 그 결과 단 하나의 속죄의 희생으로써(사 53:10; 엡 5:2; 고전 5:7; 요일 2:2; 롬 3:25; 히 9:28, 10:14) 우리의 몸과 영혼을 영원한 저주에서 구속해 주시고(갈 3:13; 골 1:13; 히 9:12; 벧전 1:18-19), 우리를 위하여 하나님의 은총과 의와 영생을(롬 3:25; 고후 5:21; 요 3:16, 6:51; 히 9:15, 10:19) 획득하신 것이다.

이렇게 자신을 낮추신 그리스도는 장사됨과 죽은 자의 상태를 계속하시고 제3일까지 사망의 권세 아래 계셨지만(웨스트민스터 대교리문답 제50문답) 낮아지심과는 정반대로 높아지셨다. 이 높아지신 상태에 대하여 웨스트민스터 소교리문답 제28문답에서는 다음과 같이 설명한다.

"그리스도의 높아지심은 사흘 만에 죽은 자 가운데서 다시 살아나신 것과(고전 15:4) 하늘로 올라가신 것과(행 1:9) 하나님 아버지 우편에 앉아 계시는 것과(엡 1:20) 마지막 날에 세상을 심판하러 오시는 것이다(행 1:11, 17:31; 시 50:3-4; 딤후 4:1)."

그리스도의 높아지심

이처럼 낮아지신 신분과 높아지신 신분을 지니신 우리 주님께서는 이 세상의 마지막 때까지 우리와 함께 계신다. 하이델베르크 교리문답 제47문의 답에는 그리스도께서는 우리를 떠나지 않으시며 이 세상 끝날에 산 자와 죽은 자를 심판하시기 위하여 다시 오실 것을 말하고 있다. 그러면 이러한 사실이 우리에게 안겨다주는 위로가 무엇인가? 하이델베르크 교리문답 제52문에서는 다음과 같이 답하고 있다.

"모든 고난과 박해 가운데서도 나는 머리를 높이 들고 하늘에서 오시는 참 심판자를 기다릴 것이라는 것이다(빌 3:20; 눅 21:28; 롬 8:23; 딛 2:13; 살전 4:16). 그는 벌써 나를 위하여 하나님의 심판을 받으셨고 모든 저주를 나에게서 없게 하셨다는 위로이다(마 25:41; 살후 1:6). 그리고 그는 그의 모든 원수와 나의 원수까지도 영원한 형벌에 처하게 할 것이나 그의 모든 택함을 받은 자는 나와 함께 하늘의 기쁨과 영광 가운데로 데리고 가실 것이라는 것이다(마 25:34; 살후 1:7)."

그러므로 그리스도의 낮아지심과 높아지심의 신분을 확신하는 우리 성도들은 때로는 환란과 핍박을 당하게 되기도 하지만 주 예수께서 영광중에 다시 오실 그 날을 대망하면서 희망과 용기를 잃지 말고 은혜 가운데 담대히 살아야 할 것이다.

빌립보서 2장

"너희 안에 이 마음을 품으라. 곧 그리스도 예수의 마음이니, 그는 근본 하나님의 본체시나 하나님과 동등 됨을 취할 것으로 여기지 아니하시고, 오히려 자기를 비어 종의 형체를 가져 사람들과 같이 되었고, 사람의 모양으로 나타나셨으매 자기를 낮추시고 죽기까지 복종하셨으니 곧 십자가에 죽으심이라. 이러므로 하나님이 그를 지극히 높여 모든 이름 위에 뛰어난 이름을 주사, 하늘에 있는 자들과 땅에 있는 자들과 땅 아래 있는 자들로 모든 무릎을 예수의 이름에 꿇게 하시고, 모든 입으로 예수 그리스도를 주라 시인하여 하나님 아버지께 영광을 돌리게 하셨느니라."

빌립보서 2:5-11

 7장

인격적이신 성령님

"소위 삼위일체의 제3격인 성령에 관하여 우리는 이미 그것(it)이 인격이 아니라, 하나님의 '활동력'임을 알아야 한다."

이것은 어느 이단에서 주장하는 성령에 대한 교리이다. 그 이단은 성령님의 인격성을 부인한다. 그리고 성령을 가리켜 하나님의 활동력이라고 한다. 그런가 하면 우리 주변에 많은 사람들은 성령 충만을 받을 때에는 자신의 마음이 뜨거워졌다고 말을 하기도 하며, 또 어떤 이들은 자신들의 마음이 시원해지는 것을 느꼈다고 하기도 한다. 그리고 한동안 우리 한국 사회에서는 일부 부흥강사들이 바람 같은 소리를 내면서 성령 충만을 받으라고 명하기도 했다. 그리고 어떤 이들은 성령충만이라는 것을 하나님께서 주실 때 우리가 받아서 소유하는 그 무엇으로 이해하기도 하는 듯하다.

성령에 관한 잘못된 견해

성령에 관해 어떤 이들은 하나님의 활동력이라고 말하는 이들이 있다. 그러나 그것은 결코 아니다. 성령은 하나님이시다. 성령에 대하여 벨기에 신앙고백서 제11장은 다음과 같이 서술하고 있다.

> "성령은 만들어지거나 창조함을 받은 것이나 생겨난 것이 아니요, 성 삼위일체의 제3위에 해당되며, 성부와 성자와 더불어 동일한 본질과 위엄과 영광을 가지신 분이시다."

이 신앙고백서에서 가르치는 바는 무엇인가? 먼저 성령은 만들어지거나 창조함을 받은 것이나 생겨난 것이 아니라고 한다. 성령은 피조물이 아니시다. 그분은 우리 인간과 같이 피조된 존재가 아니다. 그리고 성령은 '성 삼위일체의 제3위' 이시라고 가르친다. 성령은 하나님이시며 위격적으로는 제3위이시다. 성령이 하나님이시므로 '성부와 성자와 더불어 동일한 본질과 위엄과 영광' 을 가지시는 것이다.

성령님은 인격을 지니신 분

성경의 많은 곳에서 우리는 성령님이 인격을 지니신 하나님임을 알 수 있는데, 성령님이 인격적인 지성을 지니고 계심을 롬 8:27, 고전 2:10 등에서 엿볼 수 있다. 롬 8:27은 성령님이 감찰하는 마음을 갖고 계심을 가르치고 있으며, 고전 2:10에서는 성령님은 하나님의 깊은 것도 통달하고 계신다고 한다. 성령님이 인격적이신 분임을 알 수 있는 것은 성령님이 감성 즉 감정적 능력을 지니고 계시다고 하는 성경구절들을 통하여 발견할 수 있다. 갈 5:22-23에서는 성령님은 성도의 사랑과 기쁨과 평화와 그 외의 내적인 덕의 근원이심을 말하고 있으며, 엡 4:30; 사 63:10; 행 5:9절은 성령님이 슬퍼하시고 분노하시기도 함을 가르쳐준다. 행 16:6-7; 고전 12:11은 성령님께는 인격적 의지가 있음을 증거하고 있다. 그리고 요 16:8, 13에서는 성령님을 '그것'으로 지칭하지 않고 '그가' 혹은 '그를'이라고 지칭하고 있다. 그 외에도 성령님은 말씀하시며(막 13:11), 가르치시며(눅 12:12), 부르시고 임명하시며(행 20:28), 지시하시는(행 8:29; 10:19) 분이심을 가르쳐주고 있다. 이러한 모든 증거들은 곧 성령님은 인격적인 분이심을 증명해주고 있다.

보혜사이신 성령님

그런데, 성령님은 예수님에 의하여 '보혜사'로 지칭되었다. '보혜사'라는 말은 그리스어의 '파라클레토스'(parakletos)라고 하는 말이다. 이 말은 "곁에서"라는 의미를 가지고 있는 '파라'(para)라는 말과 "부르다"라는 의미의(kaleo)라는 말이 결합된 말이다. 그러니까 "곁에서 돕기 위해 부름을 받은 자"라고 이해하면 된다. 그리고 이 용어는 '위로자'(comforter) 혹은 '변호자'(advocate), '조력자'(Helper) 등의 뜻을 가지고 있다. 요 14:26에서는 "보혜사 곧 아버지께서 내 이름으로 보내실 성령"이라고 묘사하며, 요 15:26에서는 "내가 아버지께로서 너희에게 보낼 보혜사 곧 아버지께로서 나오시는 진리의 성령"이라고 말씀하며, 요 16:7에서는 "그러하나 내가 너희에게 실상을 말하노니 내가 떠나가는 이 너희에게 유익이라 내가 떠나가지 아니하면 보혜사가 너희에게로 오시지 아니할 것이요 가면 내가 그를 너희에게로 보내리니"라고 말씀하심으로써 보혜사는 성령 하나님이심을 강조하고 있다.

성령 충만의 의미

성령의 충만을 받는다는 것 역시 보혜사 성령님에 의하여 지배받고 통제받는다는 것을 의미한다. 엡 5:18에는 "술 취하지 말라 이는 방탕한 것이니 오직 성령의 충만을 받으라"고 말씀하셨는데, 여기서 성령의 충만을 받으라는 말은 수동태로 사용되었고 여러 정통적인 신학자들에 의하여 '성령에 의하여 다스려지라' 혹은 '성령에 의하여 다스림을 받으라' 고 해석되어 왔다. 우리는 성령 충만에 대하여 바르게 이해하여야 한다. 인격적이신 성령께 나의 인격을 다스려주시기를 부탁드리고 내 자아를 허락하는 것이다. 그때에 비로소 하나님의 성령께서 우리 삶을 지배해주시고 은사를 주시고 발휘케 하시며, 성령의 열매들을 맺게 하신다. 그러므로 인격적인 성령님께 통제받는 삶을 살아서 성령의 아름다운 열매들을 맺어가는 원숙한 신앙인의 삶을 살자.

사람도 보혜사가 될 수 있을까?

"재림의 실상은 육체적인 예수 재림이 아니요, 진리의 성령을 받은 또 다른 보혜사의 출현이요.", "이와 같이 오늘날 대언의 목자 보혜사는 예수님의 이름으로 오시게 되고(요 14:26, 16:14) 영으로 오시는 예수님은 대언의 목자와 함께 하시니, 대언의 목자 요한의 증거가 곧 예수님의 증거(계 1:2)이며, 이 대언의 목자를 보는 것이 곧 예수님을 보는 것이다." 이와 같은 발언은 소위 이단 교주들의 입에서 나온 것이다. 그러나 인간도 보혜사가 된다고 하는 표현은 신성모독적이다. 인간은 아무리 거룩해져도 하나님이 될 수 없으며, 보혜사가 될 수 없다. 보혜사는 성령 하나님이시기 때문이다.

✣ 학습 문제

1. 삼위간의 관계를 벨기에 신앙고백서에는 어떻게 설명하고 있는지 말해보라.

2. 하나님의 이름(성호) 몇 가지를 적어 보라.

3. 하나님의 속성을 분류하고 그 속성들의 의미를 설명해 보라.

4. 하나님의 예정을 분류하고 각 각의 의미를 설명해 보라.

5. 예수님은 하나님인가, 사람인가?

6. 왜 하나님의 아들이신 예수님은 인간이 되셔야 했는가?

7. 예수 그리스도의 세 가지 직분들은 무엇인가?

8. 그리스도의 낮아지신 상태에는 어떠한 것들이 있는가?

9. 그리스도의 높아지신 상태에는 어떠한 것들이 있는가?

10. 그리스도인들은 최후의 날까지 어떠한 자세를 지녀야 하는가?

11. 성령님이 인격적인 분이시라는 것을 말씀하고 있는 성경 구절들을 두 곳 이상 제시해 보라.

12. 한국사회에는 자신을 보혜사라고 하는 이들이 등장하고 있는데 인간은 과연 보혜사가 될 수 있는가?

| 제3부 |
구원과 신앙의 성숙

 1장

죄와 벌

 만약 하와와 아담이 타락하지 않았다면 어떻게 되었을까? 아마도 그들은 하나님께서 만드신 에덴동산에서 건강과 행복과 즐거움이 가득한 가운데 하나님을 찬송하며 살았을 것이다. 하나님께서는 그들에게 자유로이 선과 악을 택할 수 있도록 의지를 주셨지만, 아담과 하와는 하나님의 말씀을 거역함으로써 범죄 타락하게 되었다. 인간의 타락은 곧 하나님의 말씀 준수에 대한 위반으로부터 시작된 것이다. 그런데도 타락에 대한 성경적인 해석에서 떠나 인간의 타락이 천사와의 성적 관계를 통한 것이었다고 주장하는 이단들이 있는데, 그들은 다음과 같이 설명하고 있다.

인간 타락에 관한 잘못된 견해

"뱀이 곧 마귀 혹은 사탄이라고 하였으니 마귀나 사탄은 곧 타락된 천사를 표시하는 것임을 알 수 있다. 이제 우리는 인간 조상은 하나님이 허락지 않는 기간에 있어서 어떤 피조물의 유혹에 의하여 불륜한 성적 관계를 맺음으로 타락되었음을 알았고, 천사도 간음으로 범죄하였다는 사실을 알았으며, 인간 조상을 유혹한 것이 바로 천사라는 사실도 알았으니, 천사와 인간 조상과의 사이에는 성 문제를 중심하고 불륜한 관계가 맺어 졌었다."

"천사장과 사람이 어떻게 타락되었단 말인가? 창세기 3장을 보면 천사장과 하와와 아담이 죄를 짓는 상황이 나온다. 창세기의 뱀이 범죄한 천사장 곧 루시퍼임을 알았을진대, 그렇다면 천사장 루시엘은 어떻게 타락하게 되었는가? 천사가 간음으로 타락했다고 한다. 누구와 간음을 했다는 말인가? 하와가 바로 천사와 더불어서 간음을 했다는 것이다. 여기서 경호 천사 루시퍼는 남성적 실존체였기에 하와에게로 가서 가깝게 지내게 되었다. 이브가 어렸을 적에는 루시퍼가 사랑을 느끼지 못했다. 그러나 하나님의 뜻 가운데서 점점 더 아름답게 성장하는 이브를 보고 루시퍼는 차차 이브를 마음속에 사랑하게 되었다."

인간 타락의 올바른 견해

이처럼 이단들은 인간의 타락이 하와와 천사와의 육체적 타락에서 시작된 것이라고 하지만, 이 견해는 결코 용납될 수도 없으며 성경에서 떠난 주장에 불과하다. 그러면 인간은 어떠한 상태에서 어떻게 타락했으며, 그 결과는 무엇이었는가에 대하여 살펴보도록 하자. 하나님께서는 자신의 형상과 모양대로 사람을 창조하시고 그들에게 만물을 다스리도록 위임하셨다 (창 1:26-28). 인간은 하나님의 형상대로 지음을 받았을 뿐 아니라 하나님의 피조세계에 문화적인 과업을 성취해가야 하는 문화 명령을 부여받았다. 그리고 하나님께서는 아담과의 '행위 언약'을 체결하셨는데, 그 언약의 내용은 아담이 선악과를 따먹지 않으면 하나님께서는 그 낙원에서 아담에게 영생을 주실 것이지만 그렇지 않고 그것을 파기할 때에는 영원한 죽음을 당하도록 한다는 것이었다. 그런데 인간은 그 계약을 저버렸다. 하와는 뱀의 꾐에 빠져 하나님이 금한 선악과를 따먹고 아담에게도 주어 아담도 죄를 범하게 되었다. 우리는 타락함으로써 지었던 그 죄를 원죄(original sin)라고 부른다. 즉 모든 인류는 대표자 아담 안에서 하나님께 대하여 죄를 범한 것이다. 웨스트민스터 신앙고백서 6장에서는 아담과 하와가 '온 인류의 시조였으므로, 그들로부터 보통 생육 법으로 출생하는 모든 후손들에게 이 죄의 죄책이 전가되었고 또 동일한 죄에서의 죽음과 부패한 성질이 유전되었다'고 기록하고 있다(웨스트민스터 대교리문답 26문답. 벨기에 신앙고백서 15장).

타락의 결과

그러면 죄에 대한 결과는 무엇인가? 그것은 죄와 비참이었다. 웨스트민스터 소교리문답 17문은 그 타락은 인류를 '죄와 비참한 상태'에 이르게 했다고 기록한다. 그리고 18문답에서는 타락한 상태에서 인간에 죄가 되는 것은 '아담의 첫 범죄와 근본적인 의의 결핍과 그의 온 성품의 부패인데 이것은 보통 원죄라고 하며, 여기에 뒤 따라 나오는 모든 실제적 범죄도 다 포함되는 것'이라고 밝히고 있다. 제19문에서는 타락한 상태에서 사람의 비참함에 대하여 답하기를 '모든 인류가 타락함으로 말미암아 하나님과의 교제가 끊어지고(창 3:8, 24), 또 그의 진노와 저주 아래 있게 되어 생전의 모든 비참함과 죽음과 영원한 지옥의 벌을 받게 되었다'(엡 2:3; 롬 5:14)고 기록하고 있다.

그렇다. 하나님이 보시기 좋았을 정도로 훌륭한 작품이었던 고귀한 인간은 죄를 범하지 않을 자유 속에서 최고조로 성숙된 인간성을 지니고 생명으로 충일한 삶을 누릴 수 있었음에도 불구하고 하나님을 명령을 어기고 죄를 범함으로 비참한 지경에 빠졌다. 우리는 종종 타인들 앞에서는 우리 자신이 죄악과 무관한 듯 보이려 하지만 사실 우리의 내면세계는 얼마나 혐오할 만한 죄악된 생각들과 행위들로 가득 차 있는 것인가! 그러한 것들이 얼마나 자주 우리로 하여금 하나님 앞으로부터 피하여 숨게 했던가! 그 죄악들이 얼마나 통렬하게 우리 자신의 연약함을 고발해대는가! 죄는 아담과 하와의 원죄를 물려받고 스스로 죄를 짓는 우리들을 항상 번민하게 한다. 그러나 하담과 하와에게도 긍휼을 잊지 않으셨던 하나님께서는 오늘날도 그분의 사랑하시는 가련한 영혼들을 찾으시며 거칠어진 마음을 위로하신다.

> **어거스틴의 고백록 중에서**
>
> "주 하나님! 들어 주소서. 아! 인간의 죄악이여! 인간은 죄를 지을 수밖에 없는 존재이고 당신은 그러한 인간을 불쌍히 여기십니다. 주께서 인간을 창조하셨으나, 인간 속에 있는 죄는 당신이 만드시지 않으셨사오니 나의 유년시절의 죄를 깨닫게 하여 주신 분은 누구이십니까? 이 세상에 태어난 지 하루밖에 되지 않는 갓난아이라 할지라도 죄 없이 정결하다 할 수 없습니다. 나로 하여금 이 같은 사실을 깨닫게 하여 주신 이는 누구십니까?"
>
> 어거스틴, 『고백록』 제1권 7절중에서

 2장

은혜언약

"놀라운 은혜여! 이 얼마나 달콤한 소리인가! 나 같이 가여운 것을 구하심이여! 한 때 잃은바 되었으나 이젠 발견되었고, 눈멀었으나 이제 나는 본다네."

이 찬송시는 1779년에 존 뉴턴이 쓴 것인데, 우리 찬송가에는 '나 같은 죄인 살리신'(Amazing grace! How sweet the sound!)이라고 하는 제목으로 소개되어 애창되어 왔다. 이 곡은 비록 짧지만 인간의 죄악된 모습과 구원을 베푸시는 하나님의 은혜를 잘 묘사하고 있는 아름다운 찬송이다. 뉴튼은 자신이 행하였던 노예무역 및 온갖 죄악상들을 회상하였을 것이며 그 자신의 그러한 모습에도 불구하고 구원의 은혜로 찾아와주신 하나님을 찬양한 듯하다.

하나님의 긍휼하심

하나님은 죄인들을 내버려두지 않으시고 찾아와주신다. 아담과 하와가 하나님과 맺은 '행위언약'을 어겼을 때에도 하나님은 그들에게 벌을 주심과 동시에 긍휼을 베푸시기를 잊지 않으셨다. 우리는 성도가 되었다고는 하지만 긍휼을 베풀기에는 얼마나 인색한가! 죄 범한 형제자매들을 향하여 기도와 사랑의 권면과 긍휼을 베풀기 보다는 오히려 통렬하고도 냉엄한 시선을 보내며 그들의 자존감마저도 짓밟으려고 하지는 않았던가? 마치 자신은 의인이나 된 듯이 생각하여 죄 범한 형제자매들을 천하게 여겨오고 있지는 않는가? 우리는 그런 사람들일 수 있다. 그러나 우리가 믿는 하나님은 범죄 타락한 인간에게도 긍휼을 잊지 아니하시고 다시 언약을 맺어주신 분이시다.

은혜언약의 체결과 집행

웨스트민스터 신앙고백서 7장 3절에는 은혜언약에 대하여 다음과 같이 설명하고 있다.

"사람이 타락함으로 스스로 그 언약에 의해 생명을 얻을 수가 없게 되었는데, 주께서는 그 기쁘신 뜻대로 은혜언약(the Covenant of Grace)이라 칭하는 둘째 언약을 맺으셨다(마 26:28; 갈 3:21; 롬 8:3; 사 42:6; 창 3:15; 히 10:5-10). 여기에서 하나님은 죄인들에게 예수 그리스도에 의한 생명과 구원을 값없이 제공하셔서 그들이 구원 얻기 위해 그를 믿을 것을 요구하시고 (요 3:16; 행 16:30-31) 생명을 얻기로 정해진 모든 사람들에게 성령을 주어 그들로 하여금 믿기를 원할 뿐만 아니라 믿을 수 있게 하기를 약속하셨다(요 3:5-8, 6:37; 겔 36:26-27)."

그런데 이 언약은 율법 시대와 복음 시대에 서로 다르게 집행되었다(히 1:1-2; 고후 3:6-9). '율법 시대'에는 이것이 약속, 예언, 제사, 할례, 유월절 양, 또 유대 백성에게 주어진 다른 예표와 규례에 의하여 집행되었다. 이 모든 것은 오실 그리스도를 예시한 것으로(롬 4:11) 그 당시에는 성령의 역사로 말미암아 약속된 메시아 신앙으로써 선민을 가르치고 양육하시기에 충분하고 유효하였다(히 11:13; 요 8:5-6; 갈 3:6-8). 이것을 가리켜 구약이라 한다(행 15:11; 롬 3:30; 갈 3:8-9, 14). 그리고 '복음시대'에 있어서 실체이신 그리스도께서 나타나시매 이 언약을 시행하는 규례들은 말씀의 전파와 세례와 주의 만찬의 성례 집행으로 대치되었다(마 28:19-20; 고전 11:23-25). 이것을 신약이라고 부른다. 그러나 실체가 다른 두 개의 은혜 언약이 있는 것이 아니라, 단 하나의 동일한 은혜 언약이 다양한 경륜 아래 있는 것뿐이다(갈 3:17, 29).

하나님과 죄인 사이의 은혜로운 협정

웨스트민스터 대교리문답 제31문에서도 말하고 있듯이 은혜언약은 둘째 아담이신 그리스도와 맺으시고 그 안에서 그 후손인 모든 택한 자와 맺으신 것이다. 벌코프(Louis Berkhof)는 그의 『조직신학』에서 아래와 같이 정의한다.

> "이 은혜언약은 진노하신 하나님과 죄인 사이에 맺어진 은혜로운 협정이며, 이 언약 안에서 하나님은 그리스도를 믿는 믿음을 통한 구원을 약속하시며, 죄인이 믿음으로써 이 약속을 받아들이고 신앙과 순종의 삶을 살 것을 약속하는 것이다."

그러므로 우리들도 이 놀라우신 은혜를 베풀어주신 것을 칭송했던 바울 사도처럼 하나님의 은총을 노래해야 하겠다. 우리도 주 앞에서 "죄인 중에 내가 괴수니라"고 고백할 수밖에 없는 존재들이 아닌가? 죄인을 향하여 오래 참으심으로 구원을 베푸시는 홀로 하나이신 하나님께 존귀와 영광을 세세토록 돌려 드려야 하리라(딤전 1:15-17). 은혜언약 속에 들어와 있는 오늘 우리는 그 은총을 노래하는 거룩한 선율들을 가지고 있다.

"비바람이 갈 길을 막아도 나는 가리 주의 길을 가리. 눈보라가 앞길을 가려도 나는 가리 주의 길을 가리. 이 길은 영광의 길 이 길은 승리의 길. 나를 구원하신 주님이 십자가 지고 가신 길. 나는 가리라 주의 길을 가리라 주님 발자취 따라 나는 가리라. 나는 가리라 주의 길을 가리라 주님 발자취 따라 나는 가리라"

어거스틴의 은혜와 감사

"나를 창조하신 하나님은 선하신 분이며, 어린 시절에는 나에게 허락해 주신 이 모든 선한 것들로 인하여 주님 안에서 참 행복과 기쁨을 누릴 수 있었습니다. 그러나 나는 어리석게도 참 만족과 기쁨과 진리를 하나님 안에서 찾지 못하고 세상 가운데서 찾으려 했기 때문에 나의 발길은 슬픔과 혼란과 실수의 길로 접어들었습니다. 내게 꿀 송이보다 더 달콤한 기쁨과 영광과 확신을 주시는 나의 하나님이시여 주신 선물들로 인하여 당신께 감사드리오며 간구하오니 제게 주신 선물들을 잘 보전할 수 있게 하소서. 왜냐하면 이렇게 함으로써 주님께서는 저를 보전하시게 되고, 제게 주신 선물들이 자라 완전하게 될 것이며, 애초에 당신이 주신 나 자신의 모습으로 당신과 늘 함께 거할 수 있기 때문입니다."

어거스틴, 『고백록』 제1권 20장

 3장

유효한 부르심

세상의 여러 종교들은 인간이 상정해 놓은 그들 나름대로의 신적인 존재들을 향하여 '그들 자신의 힘' 즉 자력(自力)으로 나아가 구원을 얻으려고 노력한다. 그들에게 있어서 구원이라는 것은 그들 스스로의 의지적 결단과 힘으로 성취할 수 있는 그 무엇이다. 그러나 우리 기독교의 구원이라는 것은 철저하게 하나님께 의존한다. 왜냐하면 우리의 구원은 하나님의 역사하심이 없이는 전혀 불가능하기 때문이다. 이와 관련하여 웨스트민스터 소교리문답 31문은 '효력있는 부르심'이 무엇인가를 묻는다. 즉 인간이 하나님을 찾아 나아가서 구원을 얻는다는 측면에서가 아니라 하나님께서 인간에게 다가오셔서 일하심으로써 인간의 구원이 가능해진다는 것을 강조하고 있는데, 그에 대한 답으로 다음과 같이 설명한다.

"효력있는 부르심은 하나님의 영이 하시는 일로써(딤후 1:8-9; 엡 1:18-20) 우리의 죄와 비참을 깨닫게 하시고(행 2:37) 또 우리의 마음을 밝혀 그리스도를 알게 하시며(행 26:18), 우리의 의지를 새롭게 하시고(겔 11:19, 36: 26-27), 능히 우리를 권하여 복음 가운데서 우리에게 값없이 주신 예수 그리스도를 믿도록 하는 것이다"(요 6:44-45; 빌 2:13).

성령의 부르심

여기에서 역설하고 있는 바는 무엇인가? 효력있는 부르심 즉 성도를 구원으로 불러내시는 하나님의 부르심은 바로 '성령'이 하시는 일임을 강조하고 있다. 성령께서 우리 속에 들어오셔서 우리의 죄와 비참을 깨닫게 하신다. 그리고 우리의 마음을 밝히셔서(enlightening) 그리스도를 알게 하시는 것이다. 즉 웨스트민스터 신앙고백서 제10장 1절에서도 말하고 있듯이 '하나님이 생명으로 예정하신 모든 사람들만이' 하나님께서 정하시고 기뻐하신 때에 말씀과 성령에 의하여 구원에 이르도록 부르시는데(롬 8:30, 11:7; 살후 2:13-14; 딤후 1:9-10), 그들의 마음을 영적으로 밝혀 구원을 깨닫도록 하시고(행 26:18; 고전 2:10) 또 그들에게 돌 같은 마음을 제거하시고 부드러운 마음을 주시며(겔 36:26) 그들의 의지를 새롭게 하시고 그의 전능하신 힘으로 그들을 선한 일에 열심하게 하시며(겔 11:19, 36:27; 빌 2:13, 4:13; 신 30:6) 그들을 예수 그리스도에게로 효력있게 이끄시는 것이다(요 6:44-45).

성령의 역사하심

그러므로 이 효력있는 부르심에 대하여 생각할 때에 우리가 바로 알아야 할 사실은 우리가 그리스도의 구속에 참여할 수 있게 된 것은 결코 우리 속에 내재하는 그 무엇에 의해서가 아니라 전적으로 성령의 역사하심에 의해서 가능해진다는 것이다(웨스트민스터 소교리문답 제29문답). 웨스트민스터 신앙고백서 제10장 2절에서는 바로 이 사실을 강조하고 있다.

"이 효력있는 부르심은 오직 하나님의 값없이 주시는 특별한 은혜에서 나오는 것이요, 결코 사람 안에 예견된 어떤 것에서 나오는 것이 아니다(딤후 1:9; 딛 3:4-5; 롬 9:11; 엡 2:4-5, 8-9)."

그런데 사람은 성령에 의해 살아나게 되고 새로워질 때까지 수동적인 상태에 있다(고전 2:14; 롬 8:7; 엡 2:5). 그러나 성령으로 새로워지면 이 부르심에 응답할 수가 있고 이 부르심을 통해 제공되고 전달되는 은혜를 받아들일 수 있게 된다(요 5:25, 6:37; 겔 36:27).

그리스도와의 연합

그러면, 이 유효한 부르심에 의해서 성도들은 그리스도와 어떤 상태를 유지하게 되는가? 웨스트민스터 대교리문답 제66문에서는 성도들이 그리스도와 연합하게 된다는 점을 명시하고 있다. 하나님의 성령의 역사에 의하여 그리스도의 구속 사역이 성도에게 적용되어서 성도가 중생케 되는 순간 그는 바로 '그리스도와 연합'의 상태에 들어가게 되는 것이다. 이 질문에 대한 답변을 보자.

"선택된 자가 그리스도에게 연합됨은 하나님의 은혜의 역사니 이로 말미암아 영적으로, 신비적으로, 참으로 나눌 수 없이 그들의 머리와 남편이 되시는 그리스도께 결합되는 것이다. 이는 그들의 유효한 부르심에서 이루어지는 것이다."

소외되고 가련하며 추악하고 절망적일 수밖에 없는 인간 존재가 거룩하신 하나님의 역사하심 속에서 자신의 구속주이신 그리스도께 결합됨으로써 영혼의 구원과 안정감을 얻을 수 있다는 것은 얼마나 크신 하나님의 은총인가! 우리는 그릇 행하여 어그러진 길로 갔었어도 긍휼과 사랑이 풍성하신 하나님은 우리를 찾아주시고 그리스도와 깊은 결속 관계를 갖게 하시며 영원토록 보장이 되어 주시는 것이다. 이것이 우리가 이 지상에서 영육간 불문하고 경험할 수 있는 최상의 위로가 아니겠는가? 이 은혜를 감사하고 찬양하자.

> **에베소서 2장**
>
> "너희가 그 은혜를 인하여 믿음으로 말미암아 구원을 얻었나니 이것이 너희에게서 난 것이 아니요 하나님의 선물이라. 행위에서 난 것이 아니니 이는 누구든지 자랑치 못하게 함이니라."
>
> 에베소서 2:8-9

 4장

칭의와 성화

"당신이 구원받았다면 의인입니까, 죄인입니까?" 이렇게 질문을 해 왔던 전형적인 단체가 구원파였다. 그러한 질문에 봉착한 기성교회 성도들은 얼떨결에 '죄인입니다'라고 대답하기도 하고, '의인입니다'라고 하기도 한다. 만약 성도들이 자신은 '죄인입니다'라고 대답하면 그것은 아직 구원받지 못한 것이라고 한다. 의인이라고 대답한 경우에 "그러면 자범죄를 회개합니까, 하지 않습니까?"라고 묻는데 그 질문에 대하여 '회개한다' 하고 하면 그 역시 구원받지 못한 증거라고 몰아간다. 물론 그들의 이해가 잘못되어 있기 때문에 그런 식으로 질문을 던지고 자기들의 구도대로 몰고 가는 것이다. 단적으로 말하자면 구원파의 칭의 개념과 죄 사함의 이해는 잘못된 것이다. 즉 그들은 예수님을 믿음으로 말미암아 원죄를 사함 받고 의롭게 되는 법정적 칭의와 그럼에도 불구하고 현실 속에서는 죄 범할 수밖에 없는 자범죄를 분별하지 못하는 오류에 빠져 있는 것이다.

칭의와 자범죄

우리 정통 기독교에서는 의롭다함을 받는 것을 '칭의'라고 한다. 그러나 '칭의'를 받았다고 해서 성도가 생활 속에서 죄를 짓지 않는 것이 아니다. 웨스트민스터 신앙고백서 제11장 1절에서는 하나님께서는 효력있게 부르신 자들을 또한 값없이 의롭다고 하신다는 사실을 기록하고 있다. 그것은 롬 3:24에 의하여 알 수 있는 사실이다. 하나님께서는 성도들의 죄를 용서하시고 그들의 인격을 '의롭게 여기시어 받아들이신다.' 이 칭의라는 것은 성도들 안에 무엇이 일어났거나 그들에 의해 행해진 어떤 것 때문이 아니라, 오직 그리스도 때문에 의롭게 되는 것이다. 즉 하나님이 주시는 선물인 믿음에 의하여 성도들이 그리스도와 그의 의를 '믿음으로 받아들이고 의지함으로써' 칭의를 받는 것이다. 이것을 우리는 이신칭의 혹은 이신득의(Justification by faith alone)라고 일컫는다(웨스트민스터 대교리문답 제70문답; 소교리문답 제33문답 참조).

오직 믿음

하나님은 영원부터 모든 택함 받은 자들을 의롭다 하기를 작정하셨다(벧전 1:2, 19-20; 롬 8:30). 그리고 그리스도는 때가 차매 우리들의 죄를 위하여 죽으시고 우리들을 의롭다하시기 위하여 살아나셨다(갈 4:4). 그러나 성령께서 적당한 때에 실제로 그리스도를 성도들에게 믿게 하시기까지는 성도들은 의롭게 될 수 없었다(요 3:5, 18, 36; 갈 2:16; 딛 3:4-7) (웨스트민스터 신앙고백서 제11장). 하나님께서는 성도들이 의롭다 칭함을 받도록 하기 위하여 믿음 외에는 아무 것도 요구하지 않으셨고 또 그 믿음도 또한 그의 선물이고 보면 그들을 의롭다 칭함은 값없이 거져 주시는 은혜일 뿐이다(웨스트민스터 대교리문답 제71문답). 그런데 우리가 칭의의 문제를 생각할 때 경계해야 할 사상이 있다. 그것은 곧 '인간의 어떤 행위, 즉 율법 지킴으로써 구원받으려고 하는 시도'이다. 그들은 율법의 완전한 순종에 강조를 둠으로써 '오직 믿음으로 인하여 얻게 되는 칭의'를 부정한다(도르트 신경 둘째교리 그리스도의 죽으심과 인간의 구속 제3장 4절 참조).

의인이면서 동시에 죄인

마지막으로 우리가 확신해야 하는 것은 우리 성도들은 이미 구원받아 의롭다함을 받았지만, 그러나 여전히 우리는 이 세상의 죄악에 노출된다는 사실이다. 즉 칭의를 받았지만, 실생활 속에서는 여전히 범죄하며 살고 있는 것이다. 그래서 웨스트민스터 신앙고백서 제11장 5절에서는 다음과 같이 설명하고 있다.

"하나님은 의롭다 함을 입은 자들의 죄를 용서하시기를 계속 하신다(마 6:12; 요일 1:9, 2:1). 비록 그들이 칭의의 상태로부터 타락하는 일이 결코 있을 수 없으나(눅 22:32; 요 2:19, 10:28; 히 10:14; 빌 1:6), 오히려 그들은 그들의 죄 때문에 하나님 아버지의 진노하심 아래 떨어질 수 있다."

즉 인간은 의롭다하심을 받았고 그 의롭다하심을 상실할 수는 없지만, 인간의 죄 때문에 하나님의 진노를 받는 상태에 떨어질 수도 있음을 말하고 있는 것이다. 그러나 그러할 때에라도 성도들은 "그들이 자신들을 낮추고, 죄를 고백하여 용서를 빌고, 그들의 신앙을 새롭게 해야 한다." 왜냐하면 그렇게 하기까지는 하나님의 얼굴의 빛을 감히 볼 수가 없기 때문이다(시

32:5, 89:31-39, 61:7-12; 마 26:75; 고전 11:30, 32).

그러므로 위에서 언급한 바 구원파적인 칭의 및 죄사함 개념은 잘못된 것임을 재확인하게 된다. 그렇기 때문에 우리는 벨기에 신앙고백서 제23장에서 말하고 있는 것처럼 모든 영광을 하나님께 돌리고 우리 자신을 그분 앞에서 낮추면서 우리의 본래의 모습을 늘 인식하며, 이 은혜의 기초를 항상 굳게 붙잡고 나가야 할 것이다. 우리 속에는 그 어떤 신뢰할 만한 요소라든지 자랑거리가 없고, 다만 십자가에서 돌아가신 그리스도의 순종하심을 의지하고 따르면서 그를 믿을 때에 그리스도의 순종이 우리의 것이 될 수 있다. 이 사실을 확신한 가운데 하나님의 은혜의 보좌로 담대히 나아가면서 거룩하고 환희에 찬 노래를 불러야 할 것이다(웨스트민스터 대교리문답 제75문답). 하나님의 모든 선물들이 그러하듯이 이 거룩하게 하심도 거저 주신 은혜의 역사로(살후 2:13) 이로 인해 우리가 하나님의 형상을 좇아 전 인격이 새로워지게 되고(엡 4:23-24) 점점 죄에 대하여는 능히 죽고(롬 6:4, 6, 14; 고전 15:31; 롬 6;11), 의에 대하여는 능히 살게 되는 것이다(롬 6:11)(웨스트민스터 소교리문답 제35문답).

성화와 영화

그런데 흔히들 착각하게 되는 요소가 있는데 그것은 바로 이 '성화'(Sanctification)의 작업을 완전히 거룩한 것을 의미하는 '영화'(glorification)의 단계와 혼돈하는 것이다. 이러한 혼란에 대하여 정리해주기 위하여 웨스트민스터 신앙고백서 제13장 2절에서는 다음과 같이 가르쳐주고 있다.

"이 성화는 전인격적으로 이뤄지나(살전 5:23) 이 세상에서는 완전히 이루어지지 않는다. 사람의 모든 부분에 아직도 부패의 잔재가 남아 있다. 그것으로부터 계속적이며 화해할 수 없는 싸움이 일어나서 육신의 소욕은 성령의 소욕을 거스리고 성령의 소욕은 육신의 소욕을 거스리는 것이다(요일 1:10; 빌 3:12; 갈 5:17; 롬 7:18, 23). 인간은 범죄하게 되면서도 점점 성령의 은혜 가운데 거룩을 닮아가게 된다. 순간순간 육체의 욕심들과 싸워야 한다. 그것은 성령의 사람이었던 바울의 고백이기도 한 것을 우리는 성경을 통하여 읽을 수 있다(롬 7:21-25 참조).

그런데 때때로 우리를 절망으로 몰아가는 것은 무엇인가? 그것은 이 싸움에서 '부패한 부분'이 일시적으로 '우세하게 보이는 것'이다. 때로는 성령 충만한 삶을 살다가도 때때로 죄악의 구렁텅이로 곤두박질하는 것이 우리들의 모습이 아닌가! 그러나 이러한 탄식을 할 수 밖에 없는 우리들이지만 웨스트민스터 신앙고백서 제 13장 3절에서는 다음과 같이 위로가 되는 가르침을 주고 있다.

"이 싸움에 있어서 남아 있는 부패한 부분이 일시적으로 우세한 것 같으나(롬 7:23) 거룩하게 하시는 그리스도의 영으로부터 끊임없이 힘을 공급 받음으로 중생한 부분이 이기게 된다(롬 6:14). 그러므로 성도들은 은혜 안에서 자라가면서(벧후 3:18; 고후 3:18) 하나님을 두려워함으로 거룩함을 온전히 이룬다(고후 7:1)."

 5장

영화

　자신의 교회는 죄를 100% 다스리기 때문에 '하늘에서 새로 내려온 교회'라고 주장한 단체가 있다. 그 새 교회는 이전의 교회들을 부숴버리고 세세토록 왕노릇한다는 것이다. 그는 죄를 100% 다스리는 교회가 세계에 가득하게 될 것이라고 했다. 그가 말하는 그 방법이란 다음과 같다. 즉 거듭날 때 영이 먼저 거듭나고 육신이 점진적으로 거듭나는데, 영 안에 들어오신 예수가 몸으로 들어가는 것은 1%에서 100%까지 순서대로 들어간다는 것이다. 그렇게 예수의 영이 100% 들어가면 그 사람의 말은 예수님의 말이고, 그 사람의 생각은 예수님의 생각이 된다는 주장이다. 아마도 그는 이 세상에서 성도가 죄로부터 100% 해방되고 영화된다고 생각했던 것 같다. 물론 그의 주장은 그릇된 것이다.

성령을 통해 거룩해지는 인격

그러면 정통교회는 이 땅 위에서의 성도의 '거룩하여짐' 즉 성화에 대하여 어떻게 가르쳐오고 있는가? 웨스트민스터 신앙고백서 제13장에서는 성화에 대하여 다음과 같이 말하고 있다.

> "효력 있는 부르심을 받고 중생한 자들은 그리스도의 죽으심과 부활의 효력으로 말미암아 그의 말씀과 그들 속에 내주하시는 성령에 의하여 실제적으로 또는 인격적으로 더욱 거룩해진다(행 20:22; 롬 6:5-6; 요 17:17; 엡 5:26; 살후 2:13). 모든 죄의 지배 세력이 파괴되고(롬 6:6, 14) 여러 정욕이 점점 약화되고 억제되므로(롬 8:13; 갈 5:24; 골 3:5) 은총 가운데 강건하여져서(골 1:11; 벧후 3:13-14; 엡 3:16-17) 참된 경건을 실천하게 된다. 이 경건이 없이는 아무도 주를 볼 수 없다(고후 7:1; 히 12:14)."

거룩하게 하심은 거저 주신 하나님의 은혜의 역사로(살후 2:13) 이로 인해 우리가 하나님의 형상을 좇아 전인격이 새로워지게 되고(엡 4:23-24), 점점 죄에 대하여는 능히 죽고(롬 6:4, 6, 14; 고전 15:31; 롬 6:11) 의에 대하여는 능히 살게 되는 것이다(롬 6:11)(웨스트민스터 소교리문답 제35문답).

완전한 거룩의 시기

죄에 대하여는 죽고 의에 대하여는 살고 싶은 것이 성도된 우리들의 공통적인 소원일 것이다. 그러나 그럼에도 불구하고 우리는 이 땅에서 완전히 거룩해질 수는 없다고 신앙고백서는 가르친다. 이 성화는 전인격적으로 이루어지나(살전 5:23) 이 세상에서는 완전히 이루어지지 않는다. 사람의 모든 부분에 아직도 부패의 잔재가 남아 있다. 그것으로부터 계속적이며 화해할 수 없는 싸움이 일어나서 육신의 소욕은 성령을 대항하고 성령은 육신에 대항하신다(요일 1:10; 빌3:12; 갈 5:17; 롬 7:18, 23). 이러한 설명 속에서 우리가 떠 올리게 되는 것은 사도 바울의 고백일 것 같다. 롬 7:21-25절에서 바울은 자신의 지체 속에서 여전히 하나님의 법과 죄의 법이 싸우고 있음을 토로했다. 이러한 탄식은 우리 모두에게 주님 오시는 그날까지 계속될 것이다.

영화의 때를 기다림

그렇다고 해서 우리는 절망과 탄식 가운데 머물러 있을 수만은 없다. 오히려 우리 성화의 궁극적인 지점 즉 '영화'의 순간을 바라보며 더욱 전진해야 한다. 왜냐하면 웨스트민스터 신앙고백서 제13장 3절은 주의 말씀에 기초하여 다음과 같이 가르치고 있다.

"이 싸움에 있어서 남아 있는 부패한 부분이 일시적으로 우세한 것 같으나(롬 7:23) 거룩하게 하시는 그리스도의 영으로부터 끊임없이 힘을 공급받으므로 중생한 부분이 이기게 된다(롬 6:14). 그러므로 성도들은 은혜 안에서 자라면서(벧후 3:18; 고후 3:18) 하나님을 두려워함으로 거룩함을 온전히 이룬다(고후 7:1)."

웨스트민스터 대교리문답 제78문답에서도 신자의 거룩하게 됨이 이 땅에서는 완성될 수 없는 것은 그들의 모든 부분에 '죄의 잔재'(remnants of sin)가 묵고 있기 때문이며, 영을 거슬러 싸우는 끊임없는 육의 정욕 때문이라고 설명한다. 비록 우리들이 시험에 들어 여러 가지 죄에 빠지게 되어 모든 신령한 봉사에 있어서 방해를 받을지라도 성도들은 더욱 경성하여 육신의 소욕과 더불어 싸우면서 성령의 소욕을 따라 살아야 한다. 왜냐하면 영적 전쟁 속에 있는 우리들의 불완전(imperfection) 가운데서도 우리들은 성령님에 의하여 공급되는 힘으로 말미암아 은혜 가운데서 극복하고 자라갈 수 있기 때문이다.

"성화란 성령의 은혜로우시고 계속적인 사역으로 정의될 수 있을 것인데, 이 성화에 의하여 성령께서는 죄의 오염으로부터 의롭게 된 죄인(the justified sinner)을 구출하시고 성도들의 본성을 하나님의 형상으로 새롭게 하시고 또 선행을 계속하도록 하실 수 있으시다."(Louis Berkhof, *Systematic Theology*)

사람은 점점 하나님이 되어 가나요?

어떤 이단은 신인합일(神人合一)을 추구하면서 주장하기를 "하나님과 연합함으로써 사람이 하나님과 똑 같이 되어야 한다"고 한다. 혹은 그와 유사한 사상을 전개하는 이들이 있다. 그러나 결코 사람은 하나님이 될 수 없다. 하나님은 창조주이시고, 사람은 피조물일 뿐이다. 제임스 패커(James I. Packer)가 말한 것처럼, 창조자와 피조물의 구분은 하나님에 관한 오해를 불식시킨다. 사람은 하나님에 의하여 지음을 받은 존재이므로 그 하나님께 영광을 돌리며 살아야 하는 존재이다. 사람은 하나님이 아니다. 그리고 사람은 하나님이 되어가는 것이 아니다. 하나님은 최고의 경지에 올라선 인간이 아니다. 성경은 결코 인간은 하나님이 될 수 있다는 생각을 가르치지 않는다. 창세기 1장에서는 분명히 말씀하시기를, "하나님이 자신의 형상과 모양대로" 인간을 지으셨다는 사실을 밝히고 있다. 여기서 '형상'이라는 말과 '모양'이라는 말은 동일한 의미를 전달하는 용어의 반복 어법이다. 이 말씀을 통하여 명백하게 드러나는 것은 하나님은 창조주이시며, 인간은 피조물이라는 사실이다.

 6장

성도의 궁극적 구원

한 때 어느 성도로부터 종종 걸려온 상담 건이 있었다. 그것은 구원받은 사람도 구원을 잃어버릴 수 있다고 설교한 어느 목회자의 그릇된 사상 때문이었는데, 그 목회자는 다음과 같이 주장했다.

"하나님의 전적인 은혜와 공로로 구원받은 자라 할지라도 하나님의 말씀에 순종치 아니하면 하나님 보시기에 믿지 않는 자로 인정되어 안식에 들어가지 못하게 된다(히 3:18-19)."

그에 의하면 하나님의 은혜로 구원을 받은 사람이라고 할지라도 말씀(율법)을 순종하여 지키지 않으면 다시 하나님 보시기에 믿지 않는 자로 인정되어 안식에 들어갈 수 없다는 것이다. 즉 구원받은 사람도 구원을 잃어버릴 수 있다고 한 것이다. 물론 이러한 견해는 아주 잘못된 것이며, 신학적으로 볼 때 그것은 결코 칼빈주의적인 사상이 아님에 분명하다.

그런 류의 상담들이 들어올 때 필자는 그렇게 명랑하지 못한 마음으로 다음과 같은 질문들을 마음속에 던져 본다. 그러한 설교를 듣고 있는 성도들이 있다면 얼마나 불안할까? 그들이 믿음으로 얻은 구원을 기뻐하기 보다는 오히려 불안 속에서 그 무엇을 지켜 내려고 하지 않을까? 그러한 성도의 삶에 어떻게 진정한 위로가 있을 수 있겠으며, 그러한 구원관은 과연 성도의 삶에 안정성을 부여해 줄 수 있을 것인가? 이러한 일련의 의문들을 제기해 볼 때 우리는 구원의 확실성에 대하여 재차 확인해보지 않을 수 없겠다. 구원의 확실성이 없이 그 무엇 위에 우리의 인생의 집을 건축해 갈 수 있을 것인가? 그러므로 우리는 성경과 신앙고백서들이 이 문제에 대하여 어떻게 가르치고 있는 가를 살펴볼 필요가 있는 것이다.

성경적 근거

웨스트민스터 신앙고백서 17장 1절은 성도의 궁극적 구원에 관하여 논하고 있는데, 이것은 대단히 중요한 교리가 아닐 수 없다.

> "하나님이 그의 사랑하시는 자 안에서 받아들이시고 성령으로 효력 있게 부르시고 거룩하게 하신 자들은 은혜의 상태로부터 전적이거나 최종적으로 타락할 수 없고 끝까지 확실히 견인하여 영원히 구원을 얻을 것이다."

이 진리에 대한 성경적인 근거들은 빌 1:6; 요 10:28-29; 렘 32:40; 요일 3:9; 벧전 1:5, 9 등이다. 우리 속에 선한 일을 시작하신 하나님이 그리스도 예수의 날까지 그 구원을 보장해주시는 것이다. 도르트 신경(Canon of Dordt) 11장에서도 아래와 같이 설명한다,

"하나님은 가장 지혜로우시며 불변하시며 전지하시며 무소부재하신 분이시므로 그가 행하신 선택은 중단되거나 변하거나 취소되거나 무효화될 수 없다. 또한 택함 받은 자는 버림받거나 그 수가 감소될 수도 없는 것이다."

궁극적 구원의 기초

그러면 우리의 구원이 궁극적으로 확실한 것이라면 그것은 우리 자신의 자유의지에 의한 것일까? 웨스트민스터 신앙고백서 17장 2절은 이 질문에 대한 답변으로 다음과 같이 설명하고 있다.

"성도들의 궁극적인 구원은 그 자신들의 자유의지에 의한 것이 아니라, 하나님 아버지의 값없이 주시고 변치 않는 사랑에서 흘러나오는 예정의 불변성에 의한 것이다(딤후 2:19; 렘 31:3; 엡 1:4-5; 요 13:1; 롬 8:35-39). 또한 예수 그리스도의 공로와 중보의 효력과(요 17:11, 24; 히 7:25, 9:12-15, 10:10, 14) 그들 안에 성령과 하나님의 씨의 내주와(요 14:16-17; 요일 2:27, 29) 은혜 계약의 본성에(렘 32:40; 히 8:10-12) 의존된 것이다. 이 모든 것에서 또한 궁극적인 구원의 확실성과 무오성이 일어난다(살후 3:3; 요일 2:19; 요 10:28; 살전 5:23-24; 히 6:17-20)."

이 같은 내용은 웨스트민스터 대교리문답 79, 80문답에서도 신앙고백서의 내용을 되풀이 하고 있다.

구원받은 성도의 삶

웨스트민스터 신앙고백서 17장 3절에서는 이 부분을 설명하고 있는데, 성도들은 사탄과 세상의 시험, 성도들 안에 남아 있는 강한 부패성, 성도들을 보전하는 방편들을 게을리함으로 말미암아 무서운 죄에 빠져서 한동안 죄 가운데 머물러 있기도 하는데(마 26:70, 72, 74; 삼하 12:9, 13), 그 때문에 하나님의 진노를 일으키며(사 64:7, 9; 삼하 11:27) 성령을 근심케 하며(엡 4:30) 은혜와 위로를 어느 정도 빼앗기게 되고(시 51:8, 10, 12; 계 2:4), 성도들의 마음이 강퍅해지며(막 6:52; 시 95:8) 양심이 상처를 입고(시 32:3-4; 시 51:8) 남을 해치며 중상하고(삼하 12:14; 시 89:31-32; 고전 11:32) 일시적으로 성도들 자신에게 심판을 초래하기도 한다고 설명하고 있다.

그러므로 서두에서 말한 바 어느 목사의 주장과 같이 택함을 받은 사람이라 할지라도 율법을 지키지 아니하면 하나님 보시기에 믿지 아니하는 자로 인정되어 안식에 들어갈 수 없다고 하는 식의 주장은 성경의 교훈에 반대되는 사상임을 재확인하게 되었다. 그렇기 때문에 성도 된 우리들은 이 구원의 확실성은 불변하다는 사실을 자각하고, 죄와 악에서 떠나 더욱 성령 충만한 삶을 살아서 주를 기쁘시게 해야 하겠다. 구원의 감격과 그 확실성을 지닌 성도는 좌절하고 죄를 범했다 하더라도 다시금 주의 영광을 위하여 일어선다.

구원은 '깨달음으로' 받는가?

이것은 구원파와 관련된 질문이다. 그들은 여러 분파가 있으나 공통적인 주장은 '깨닫고 거듭나야 구원을 받는다'고 하는 것이다. 그러면서 그들이 주장하는 것이 구원받은 일시를 알아야 하며, 그 일시 즉 영적 생일을 기억해야 구원받은 증거라는 것이다. 단적으로 말하자면, 구원은 하나님의 은혜 안에서 믿음으로 말미암은 것이지 깨달음으로 오는 것이 아니다. 성경은 구원이 예수 그리스도를 믿음으로 오는 것을 확증하고 있다. 행 16:31, 요 1:12, 요일 4:15 등의 말씀은 주 예수를 '믿으면' 구원받게 되며, 하나님의 자녀가 된다고는 사실을 강조하고 있다.

 7장

생명을 얻는 회개

자신의 교리는 우리 기성교회의 사상과 다르다는 점을 강조한 사람이 있다. 소위 구원파의 한 부류에 속한 사람의 견해이다. 그는 자신의 웹사이트에서 어느 기자와의 인터뷰 내용이라고 하면서 다음과 같이 소개하고 있는데, 이 짧은 몇몇 구절들 속에서도 그의 주장의 핵심이 드러나고 있다.

"쉽게 이야기하면, 한국 교회 사람들은 예수님이 우리 죄를 위하여 십자가에서 못 박혀 죽은 것을 믿는다고 하면서도 죄인이라고 하고, 나는 예수님의 피로 죄 사함을 받아서 의인이라고 하는 그게 다르다." "우리의 모든 죄를 하나도 남김없이 다 벌을 받았는데, 그래서 나는 죄가 없다고 이야기 하고, 다른 사람은 예수님이 내 죄를 위해서 십자가에서 죽었지만 나는 죄가 남아있다고 합니다. 그게 다릅니다." "예수님이 십자가에서 못 박혀 죽으신 이유는 우리를 죄에서 건지기 위하여, 우리를 거룩하게 하기 위하여, 우리를 깨끗하게 하기 위하여 십자가에 못 박히신 것입니다. 그렇기 때문에 여러분 많은 사람들이 교회에 가서 '주님, 제 죄를 용서해주십시오' 하는 것이 굉장히 겸손한 소리인 것 같지만 그건 굉장히 악한 소리입니다."

의인이면서 동시에 죄인

즉 생활 속에서 짓는 죄들에 대하여는 회개할 필요가 없다고 하는 것이 그의 모토이다. 이렇게 주장한 그는 먼저 법정적인 칭의와 삶 속에서 죄를 짓게 되는 인간의 실존 문제를 구분하지 못하고 있음을 알 수 있다. 비록 우리가 믿음으로 의롭다함(이신칭의 혹은 이신득의, Justification through faith)을 받게 되지만, 이 땅 위에서는 여전히 연약한 죄성을 지니고 살 수밖에 없는 존재이다. 우리는 죄인인가, 아니면 의인인가? 이 질문에 대한 우리의 대답은 '의인이면서 동시에 죄인'(simul iustus et peccator) 라고 해야 한다. 그러므로 우리의 삶 속에서 짓게 되는 죄들에 대하여 순간순간 회개의 기도를 드리는 것이다. 교회의 역사상 영감 있고 탁월한 저술가들 가령 어거스틴, 칼빈, 매튜 헨리, 박윤선 박사 같은 이들은 다 성도들이 그들의 매일의 삶 속에서 회개해야 할 것을 강조했지만, 구원파 어떤 지도자는 그것을 부인하고, 나아가서 역사적인 교회가 가르쳐 온바 '일상생활 속에서의 하나님과의 교제 회복을 위한 회개'를 부인한 것은 물론이며 매일의 삶 속에서의 회개를 '악한 것'으로 규정했다.

자범죄의 회개

그러면 성경과 신앙고백서들은 인간의 죄와 회개에 대하여 어떻게 가르치고 있는가? 웨스트민스터 신앙고백서 6장 4-6절에서는 '인간의 죄'에 대하여 다음과 같이 말하고 있다.

"(4절) 우리가 모든 선에 대하여 철저히 무관심하고 무능하며 대립하게 되고, 그리하여 전적으로 모든 악으로 기울게 된 이 최초의 오염으로부터 모든 자범죄가 나온다. (5절) 이 본성의 오염은 중생된 자에게도 현세 동안에 머문다. 비록 그것이 그리스도를 통하여 용서되고 죽여지지만, 그럼에도 불구하고 그 자체와 거기에서 나오는 모든 행동은 참으로 그리고 당연히 죄이다. (6절) 원죄와 자범죄를 포함한 모든 죄는 하나님의 공의로운 법의 위반과 상반이기 때문에 그 자체의 본질상 죄인에게 죄책을 가져오며, 그것에 의해 그는 하나님의 진노와 율법의 저주에 넘겨져 얽매이고, 그리하여 모든 영적, 시간적 및 영원적 비참들과 함께 사망에 종속하게 되었다."

이 조항들이 명백하게 제시하고 있는 것이 무엇인가? 그것은 신자들이 '원죄와 자범죄를 포함한 모든 죄'는 하나님의 공의로운 법의 위반과 상반되는 것이라고 한다. 그러므로 '자범죄'의 문제 역시 회개를 통하여 해결되어져야 하는 것임을 시사하는 표현이다. 웨스트민스터 신앙고백서 15장의 '생명을 얻는 회개' 부분의 5-6절에서도 자범죄를 회개해야 한다고 명시하고 있다. 사실 구원파의 일 분파가 '생활 속에서 짓게 되는 범죄'를 회개할 필요가 없고, 단지 그 범죄들의 원인이 되는 (원)죄만 회개하면 된다고 하는 설명은 성경 특히 요일 1:9-10의 말씀을 크게 오해한 결과이다. 자신의 죄를 회개하라고 하는 동일한 뜻을 지닌 단어들을 전혀 다른 의미를 지니고 있는 것으로 해석해버렸기 때문에 그들은 역사적 정통적 교회가 신앙해온 바 회개의 교리를 배척한 것이다. 헬라어 본문에서의 '죄'는 '하마르티아' (hamartia)라고 하는 명사이며 '범죄'는 '하마르타노' (hamartano)라고 동사로 쓰인 것에 불과함에도 불구하고, 구원파는 그 본문의 용어들을 전혀 다른 개념을 지닌 두 용어로 접근하는 오류를 범한 것이다.

그러므로 우리는 우리 같은 죄인들을 성령의 역사로 부르셔서 하나님의 자녀를 삼아주시고 '의롭다 해 주신 것'에 대하여 감사해야 하겠다. 죄악으로 영원히 죽을 수밖에 없는 우리를 건져 의롭다고 인 쳐주시는 그 크신 은혜는 얼마나 놀라운가! 그리고 생활 속에서 죄를 짓지 않으려고 애써야 할 것이지만, 그래도 연약으로 말미암아 범죄하게 될 때 그 죄와 악들을 하나님 앞에 내어놓고 회개함으로써 구원의 감격을 회복해야 할 것이다. 그러한 삶 속에서는 구원의 감격이 계속되고 하나님의 은총을 노래하는 찬양이 맴돌 것이다.

주 품에 품으소서

주 품에 품으소서
능력의 팔로 덮으소서
거친 파도 날 향해 와도
주와 함께 날아 오르리
폭풍 가운데 나의 영혼
잠잠하게 주를 보리라.

✢ 학습 문제

1. 인간의 타락으로 인하여 찾아온 것은 무엇인가?

2. 신학자 벌코프는 '은혜언약'에 대하여 어떻게 말했는가?

3. 효력 있는 부르심이란 무엇인가?

4. 나는 의인인가, 아니면 죄인인가?

5. 믿음으로 구원받은 사람은 행함이 없어도 되는가?

6. 이 세상에서 완전하게 거룩하게 되는 영화가 이루어지지 않는 이유는 때문인가?

7. 우리가 영화 즉 완전히 거룩해 진 다음에는 우리 자신이 '하나님'이 될 수 있는가?

8. 하나님의 은혜로 구원받은 자라 할지라도 다시 범죄함으로 인해 자신의 구원을 잃어 버릴 수 있는가?

9. 성도의 궁극적 구원은 무엇에 근거한 것인가?

10. 구원받은 사람은 의인이 되었으므로 생활 속에서 짓는 죄를 회개할 필요가 없다고 가르치는 구원파의 가르침에 대해 요일 1:9-10절에서는 어떻게 가르치고 있는가?

| 제4부 |

은혜의 방편

 1장

성경

어느 이단의 교주는 자신이 풀이한 계시록 해설의 서문에서 다음과 같이 말했다.

"필자가 증거한 이 책은 사람의 생각으로 연구한 것이 아니요, 또 사람에게서 배운 것도 받은 것도 아니며, 오직 살아계신 주님의 성령과 천사들로부터 보고 듣고 지시에 따라 증거한 것이므로, 이 증거는 참이며 진실이다. 필자가 주님으로부터 듣고 보고 기록한 이 증거가 참인 것은, 성경 66권을 기록한 선지자들도 필자와 같이 하나님으로부터 듣고 본 것만을 기록했기 때문이다."

참으로 참람한 표현이 아닐 수 없다. 그는 성경 66권이 정경(Canon)으로 채택된 원리조차도 몰랐던 것이다. 저명한 신학자 브루스(F. F. Bruce)는 그의 책 『성경의 정경』(The Canon of Scripture)에서 성경이 정경이 될 수 있었던 여러 요인들을 언급했는데, 그 중에는 사도시대에 속했다고 하는 차원에서의 고대성(Antiquity), 사도적인 신앙을 담고 있다고 하는 의미에서의 정통성(Orthodoxy) 그리고 보편적인 교회들에 의한 것이라고 하는 뜻에서의 보편성(Catholicity) 등을 제시하고 있다.

오직 66권인 성경

또 어떤 이단들은 자신들의 교주의 말을 오늘 그들을 향한 하나님의 계시의 말씀으로 받아들이기도 한다. 그들 중의 어떤 여자는 말하기를, "내가 여러분께 경고와 책망의 증언을 보내면 여러분들 중의 많은 사람들이 이것은 단순히 화이트 자매의 주장에 불과하다고 선언하고 있습니다. 그것으로 인해 여러분들은 하나님의 성령을 모욕한 것입니다"라고 까지 함으로써 자신의 말이 성경적인 권위를 지니는 것임을 간접적으로 시사했다. 또 어떤 교주는 자신이 그동안 행했던 연설문 형태의 글들을 신도들에게 아침저녁으로 읽도록 하고 있다. 물론 은혜의 방편으로서 주신 성경 말씀은 구약 39권 신약 27권 즉 66권 밖에 없다. 웨스트민스터 신앙고백서 1장 6절에서는 이 사실을 확언하고 있다.

"어느 때라도 새로운 계시(new revelations)나 인간의 유전(traditions of men)으로서는 아무것도 성경에 더할 수 없다."

성경을 통한 은혜

그러면 신앙고백서들은 이 은총의 방편으로서의 말씀에 대하여 어떻게 묘사하고 있는가? 먼저 웨스트민스터 대교리문답 제155문답에서는 하나님의 말씀이 구원에 어떻게 유효하게 되는가를 설명하고 있다.

"하나님의 영이 특별히 말씀을 전하는 것을 방편으로 하여 죄인들을 조명하시고, 확신시키시고, 겸손하게 하시며, 그들을 그리스도께 가까이 이끄신다. 또 그들로 하여금 그의 형상을 본받게 하시며, 그의 뜻에 복종케 하시며, 그들을 강건케 하셔서 시험과 부패에 빠지지 않게 하시고, 은혜로 저희를 세우시고, 구원에 이르는 믿음을 통하여 그들의 마음을 거룩함과 위로로 굳게 세우시는 것이다."(느 8:8; 행 2:37,41; 시 19:8; 고전 14:24-25; 대하 34:18-19; 고후 3:18; 롬 6:17; 마 4:4, 7, 10; 엡 6:16-17).

그리고 156문답은 아래와 같은 사실을 강조하고 있다.

"모든 사람들이 각각 홀로 그리고 가족들과 함께 읽어야 할 의무가 있다"(신 6:6-9; 느 8:2-3, 9:3-5; 계 1:3; 요 5:39; 사 34:16; 창 18:17, 19; 시 78:5-7).

성경을 대하는 태도

성도들이 성경을 어떠한 태도로 대하고 읽는가라고 하는 것은 대단히 중요한데, 웨스트민스터 대교리문답 157문답은 다음과 같이 말한다.

"성경은 높이 받들고 경외하는 마음으로 읽어야 한다. 곧 성경은 하나님의 말씀이라는 사실과 하나님만이 우리가 성경을 깨닫게 하실 수 있다는 굳은 신념으로 그 가운데 계시되어 있는 하나님의 뜻을 알고 믿고 순종하고 싶어 하는 욕망으로 부지런히 읽어야 한다. 또 성경의 내용 및 범위에 주의함으로 묵상과 적용과 자기를 부인함과 기도함으로 성경을 읽어야 할 것이다."(시 19:10; 느 8:3-10; 출 24:7; 벧후 1:19-21; 눅 24:45; 고후 3:13-16; 신 17:19-20; 행 17:11).

이러한 태도를 가지고 읽어야 할 하나님의 말씀인 성경을 우리는 종종 단순히 지식을 축적하기 위하여 읽지는 않았는가? 혹은 그 말씀을 아주 멀리하고 우리의 삶의 현실 속에서 배제시켜오지는 않았던가? 분주한 삶 속에서 하여야 할 일들이 점점 더 많아져가는 세상 속에서 우리는 성경이 하나님의 말씀이라는 사실을 굳게 신앙하고, 기도하는 마음으로 하나님의 말씀을 읽어야 할 것이다. 왜냐하면 주 하나님께서는 당신의 빛 속에서 우리가 빛을 보도록 하시기 때문이다(시 36:9). 다양한 진리들을 인정하려고 하는 이 후기근대사회 속에서 그리고 다가올 미래에도 우리를 지탱해주고 인도해 주시는 것은 주님의 말씀이다. 이 말씀의 빛 속에서 걸어가는 인생길이라면 그 길은 얼마나 견고하며 행복한 것인가!

시편 119편

"주의 말씀은 내 발에 등이요 내 길에 빛이니이다."

시편 119:105

 2장

설교

오늘날 한국교회는 설교의 홍수 시대를 맞이했다고 해도 과언이 아니다. 자신이 출석하고 있는 교회의 목회자들로부터 듣는 설교로부터 시작하여 기독교 라디오나 텔레비전 프로그램들을 통하여 주중에도 여러 편의 설교를 들을 기회를 가지고 있다. 사실 한국교회의 목회자는 설교하는 횟수가 많다. 그들의 설교 준비를 위한 기도와 노고들을 주님께서 기억하시고 위로하실 것이다. 필자는 종종 교회들을 순회하면서 이단 경계 교육을 시키는 가운데 거의 빠짐없이 청교도 목회자 리처드 백스터(Richard Baxter, 1615-1691)에 대하여 언급하곤 한다. 백스터는 철저한 청교도(a through Puritan from first to last)로서 다른 청교도 사역자들처럼 교리문답의 실천(practice of catechizing)을 강조하면서도 그 보다 더 우선적으로 교회에서의 말씀의 전파 즉 '설교'를 강조했다. 설교와 심방을 통한 교리문답 등을 통하여 키드민스터(Kiderminster) 교회는 지속적으로 성장해갔다. 백스터의 주안점들은 바로 오늘날의 우리 교회들이 되새겨봐야 할 것이라고 생각한다.

설교 시간의 올바른 이해

성령의 역사하심을 원하는 것 같으면서도 하나님의 말씀 그 자체로 돌아가지는 않고 오히려 눈에 보이는 외형적인 측면들을 강조하고 있는 듯 한 오늘날의 모습은 참으로 우리의 마음을 착잡하게 한다. 설교자들은 하나님의 말씀을 증거하는 그 시간에 대하여 새로운 경각심을 가져야 할 때인 것 같다. 자신의 주장을 펼쳐가기 보다는, 오히려 하나님께서 그 시간에 선포되어지도록 인도하신 바를 성령의 역사하심을 통하여 정중하고도 진지하게 전달할 수 있어야 할 것이다. 말씀을 듣는 청중들도 경성해야 할 부분이 많다고 생각한다. 그 자신이 듣고 있는 설교 시간은 설교자가 재미있는 유머를 늘어놓거나 정치나 사회에 대하여 비판을 가하거나 어떠한 윤리적인 측면을 얘기하는 강연 시간이 아니라, 참되시고 살아계신 하나님의 뜻을 전달하는 시간임을 명심해야 할 것이다. 오늘날 한국교회가 진정으로 제2의 대부흥을 기대한다면 설교자와 설교를 듣는 청중들인 성도들의 의식의 전환이 앞서야 할 것이다.

설교자의 조건

그러면 성경과 신앙고백서들은 은총의 방편으로서의 '설교'에 대하여 어떻게 서술하고 있는가? 먼저 웨스트민스터 대교리문답 158문에서는 하나님의 말씀을 누가 설교할 수 있는가를 묻고 있는데, 그에 대한 답으로 다음

과 같이 제시하고 있다

"하나님의 말씀은 충분한 은사를 받았을 뿐만 아니라 정식으로 공인되어 이 직분에 부름을 받은 자만이 설교할 수 있다(딤전 3:2, 6, 10, 4:14, 5:22; 엡 4:8-11; 호 4:6; 말 2:7; 고후 3:6; 롬 10:15; 히 15:4; 고전 12:28-29; 딤전 4:14)."

여기에서는 설교를 할 수 있는 사람은 충분한 은사를 받았을 뿐만 아니라 '정식으로 공인되어 이 직분에 부름을 받은 자만' 이 가능함을 명시하고 있다.

설교자의 올바른 태도

웨스트민스터 대교리문답 제159문에서는 설교하기로 부름을 받은 사람들은 하나님의 말씀을 '어떻게 설교해야 할 것인가' 에 대하여 다음과 같이 답한다.

"말씀의 사역에 부름을 받은 자들은 바른 교리를 가르치되 부지런히 때를 얻든지 못 얻든지 할 것이며, 사람의 지혜의 권하는 말로 하지 않고 오직 성령의 나타남과 능력으로 할 것이며, 충성스럽게 하나님의 모든 뜻을 알게 할 것이다. 설교자는 청중들의 필요와 능력에 적응시켜 열성적으로(zealously) 하나님과 그의 백성의 영혼에 대한 뜨거운 사랑으로(with fervent love) 설교할 것이며, 성실히 하나님의 영광과 저들의 회개와 건덕과 구원을 목표로 삼고 할 것이다(딛 2:1,8; 행 18:25, 20:27; 딤후 2:15, 4:2; 고전 2:4, 3:2, 4:1-2; 14:19; 골 1:28; 히 5:12-14; 눅 12:42)."

청중의 올바른 태도

웨스트민스터 대교리문답 160문답은 이제 '설교를 듣는 청중들의 태도'에 대하여 말하고 있다.

> "설교를 듣는 자들에게 요구되는 것은 부지런함과 기도함과 준비함으로 설교 말씀을 따르며, 들은 바를 성경으로 살피며, 진리이면 믿음과 사랑과 온유함과 준비된 마음으로 그것을 하나님의 말씀으로 마음에 받아들이며, 구상하고 참고하며, 그들의 마음속에 숨겨 두고 그들의 생활에 그 말씀의 열매가 맺혀야 하는 것이다(잠 8:34; 벧전 2:1; 눅 8:18, 9:44; 시 119:18; 엡 6:18-19; 행 17:11; 히 4:2; 살전 2:10, 13; 약 1:21)."

이 부분은 대단히 중요하다고 생각한다. 예전에 우리 믿음의 선배들이 종종 말하기를 "예배시간 전에 와서 설교자와 순서 맡은 이들, 그리고 자신을 위하여 기도해야 한다"고 했다. 과연 우리 모두는 예배 시간마다 외쳐지는 설교를 통하여 하나님은 바로 우리들 자신에게 말씀하고 계시다는 것을 확신해야 하겠다.

그러므로 설교자인 목회자들은 자신이 '하나님의 말씀의 사역자'(Verbi Dei Minister, preacher of God's Word)임을 잊지 말아야 하겠고, 설교를 경청하는 성도들은 설교를 들으면서 자신을 향하신 하나님의 뜻을 발견하고 그 교훈을 삶 속에 실천하여 풍성한 결실을 맺어야 하겠다.

 3장

세례와 성찬

언젠가 어느 먼 나라로부터 상담을 요청하는 메일이 왔는데, 그것은 '사도직제'가 오늘날에도 계속된다고 하는 어느 교파에 관한 것이었다. 1863년에 독일에서 조직된 가톨릭교회라고 알려져 있는데, 그리스도가 재림할 때까지 죽은 사도들을 대신하여 교회를 이끌어갈 만한 새로운 사도들이 임명되어야 한다고 믿던 가톨릭 사도교회의 회원들이 만들었다고 한다. 그 교파는 예언, 방언, 신유 등 성령의 은사를 강조하며, 성례로서 세례와 성찬 외에도 성령의 인(印)침(성령을 나누고 받는 의식)을 강조하는데 그것은 사도가 교인의 이마에 안수함으로써만 받을 수 있다고 한다. 그들은 그것을 그리스도가 재림하여 1,000년 동안 지상을 다스릴 때(천년왕국) 그 나라에 함께 참여하게 될 것을 보증하는 의식으로 간주한다고 한다. 그런데 그들은 살아 있는 사람이 죽은 사람을 위해 성사를 받을 수 있다고 가르친다고 한다. 로마천주교의 잔재가 많이 남아 있는 단체인 듯했다.

두 가지 성례

종교개혁자들은 천주교의 성례들인 성사들 가운데 세례와 성찬 이외의 성사교리들을 배격했다. 물론 성찬의 문제에 접근하는 방식도 달랐다. 칼빈 선생의 교리문답서(The Catechisme, containing at large The grounds of Christian Religion, Edinburgh, 1645) 제48째 주에서는 성례가 몇 가지인 지에 대하여 질문하고, 그에 대한 답으로는 "성례는 두 가지이며 세례(Baptism)와 성찬(Lord's Supper)"이라고 명시한다. 선생은 로마 천주교가 주장해 온 그 밖의 성례들에 대하여 강력하게 부인하면서 세례와 성찬만을 성례로 간주했다. 천주교는 흔히 영세로 알려져 있는 성세(聖洗, baptism), 신자에게 성령을 내려 주시고 세속과 싸울 수 있는 힘을 준다고 하는 성사인 견진(堅振, confirmation), 성찬식의 의미를 지닌 성체(聖體, Eucharist), 사제의 직능을 수여하는 성품성사라고 하는 신품(神品, Ordination), 결혼식의 혼인(婚姻, matrimony), 고해성사로 알려져 있는 고백(告白, Penance) 그리고 병든 자와 임종을 맞이한 신자를 위한 종유성사로 알려져 있는 병자(病者, anointing of the sick) 성사들을 갖고 있다.

성례의 목적

그러면 개혁자들의 후예인 오늘 우리들이 가지고 있는 '두 가지의 성례'에 대하여 좀 더 자세히 살펴보자. 웨스트민스터 대교리문답 164문에서는 '신약에서 그리스도께서 몇 가지 성례를 제정하셨는가?'를 묻고, 그에 대한 답으로 '신약에서 그리스도께서 그의 안에 두 가지 성례만을 제정하셨으니, 곧 세례와 성찬이다'라고 한다(마 28:19; 고전 11:20, 23; 마 26:26-28). 그러면 '성례'의 목적은 무엇인가? 하이델베르크 교리문답 66문에서는 '성례란 무엇인가?'에 대하여 다음과 같이 답한다.

> "하나님이 그것을 사용함으로써 복음의 약속을 우리에게 더 충분히 나타내시고 인치게 하시기 위하여 하나님에 의해서 시작된 가시적이고 거룩한 표적과 인장(印章)이다. 즉 십자가 위에서 성취하신 그리스도의 한 희생의 연고로 하나님은 고맙게도 우리에게 죄의 용서와 영생을 주신다(창 17:11; 롬 4:11; 신 30:6; 레 6:25; 히 9:7-9, 24; 겔 20:12; 사 6:6-7)."

웨스트민스터 대교리문답 162문답에서도 이 부분에 대해 논하고 있다.

구원의 방편으로서의 성례

그러면 성례가 어떻게 구원의 유효한 방편이 되는가? 성례가 구원의 유효한 방편이 되는 것은 그들 자체 안에 있는 어떤 능력이라든지 혹은 그것을 거행하는 자의 경건이나 의도에서 나오는 어떤 효능으로 말미암는 것도 아니고 다만 성령의 역사와 그것을 제정하신 그리스도의 복 주심으로 말미암는 것이다(웨스트민스터 대교리문답 161문답).

세례와 성찬의 일치점과 차이점

그러면 세례와 성찬은 어떤 점에서 일치하며 어떤 점에서는 다른가? 먼저 일치하는 점들로는, 창시자가 하나님이라는 것(마 28:19; 고전 11:23), 영적 부분이 그리스도 그의 혜택이라는 것(롬 6:3-4; 고전 10:16), 양자가 다 같은 언약의 인치심(seals of the same covenant)이며(롬 4:11; 골

2:12; 마 26:27-28), 둘 다 복음의 사역자에 의해서 시행되며 그 밖의 그 누구에 의해서도 시행될 수 없다는 점(요 1:38; 마 28:19; 고전 11:23; 4:1; 히 5:4), 그리고 주님께서 재림하실 때까지 그리스도의 교회에서 계속 시행되어야 한다는 점(마 28:19-20; 고전 11:26) 등이 있다(웨스트민스터 대교리문답 176문답). 그리고 서로 다른 차이점에 대해서 웨스트민스터 대교리문답 177문에서 묻고 있는데 그 답으로는 다음과 같이 밝히고 있다.

"세례와 성찬의 성례가 다른 것은 세례는 우리의 거듭남과 그리스도께서 접붙임 됨의 표와 보증으로 물로 시행되며 심지어 어린 아이에게까지 단 한 번만 시행되는 반면에, 성찬은 떡과 포도주로 자주 시행되며 영혼의 신령한 양식이 되시는 그리스도를 표시하고 나타내며 우리가 그 안에 계속하여 거하고 자라남을 확인하기 위함인데, 자신을 검토할 수 있는 연령과 능력에 이른 사람들에게만 시행된다는 점에 다르다."

성찬과 미사

그렇다면 성찬은 천주교에서 시행하고 있는 미사와는 어떤 관계가 있는가? 그리스도가 다시 신부들에 의해서 매일 그들을 위해서 바쳐지지 않는 한 살아 있는 사람이나 죽은 사람은 그리스도의 희생을 통해서도 죄의 용서를 받을 수 없다고 가르치는 것이 바로 천주교의 미사 교리이다. 그러나 우리는 그리스도의 희생제사는 '단 한 번' 만으로 이루어졌으며 그 효과와 효력은 영원하다는 것을 믿는다. 왜냐하면 그분께서 친히 '다 이루었다' 고 증거하신 그대로이기 때문이다(요 19:30). 그러므로 우리는 '우상숭배와 다를 바 없는' 미사를 배격한다. 오히려 그리스도께서 단 번에 이루신 완전한 구원을 감사하며 기린다. 우리는 성찬에 참여할 때마다, 예수 그리스도의 희생을 통하여 우리의 죄의 완전한 용서를 얻었다는 것을 확신할 수 있다.

이 확신은 우리에게 구원의 감격을 더욱 증대시킨다. 성찬에 참여하면서 우리는 성령님을 통하여 우리 자신이 그리스도에게 접붙임을 받았다는 사실과 우리 주 예수님은 현재 그의 참된 몸을 가지고 아버지 우편에 앉아 계시고, 거기서 예배를 받으신다는 것을 되새기게 된다.

그러므로 우리들은 은혜의 수단으로서의 성례들 즉 세례와 성찬을 소중하게 여겨야 하겠다. 하나님께서는 '두 가지의 성례들'을 사용하심으로써 우리에게 복음의 약속을 더 충분히 나타내신다. 성례를 통하여 우리는 십자가 위에서 성취하신 그리스도의 희생을 통한 죄의 용서와 영생을 얻게 된 것을 감사하자. 그리고 그 크신 하나님의 은혜를 노래하자. 또한 우리들은 칼빈 선생의 표현처럼 '불경건하고 모독적인 미사 교리'를 배격하고, 성만찬에 대한 교리를 바르게 이해해야 하겠다. 성만찬에 참여하게 됨을 감격하고, 감사하며 찬양해야 할 것이다.

천주교에서 받은 세례 인정해야 하는가?

한국교회는 천주교에서 온 사람의 경우 성삼위의 이름으로 받은 세례이기 때문에 인정해주기도 하며, 또 그들이 새롭게 받기 원할 때에는 그렇게 하는 경향이 있다. 그러한 전통은 한국의 장로교 계통에서 자연스럽게 따르고 있는 장로교정치원리는 하지(J. Aspinwall Hodge)가 쓴 What is Presbyterian Law?의 내용을 따르고 있다. 1919년 제8회 총회가 이 책을 장로교 정치를 위한 웨스트민스터 교회정치를 축조 해석한 성격을 고려하여 참고서로 따르고 있다. 144문답에서는 이 부분에 대하여 "로마교회의 세례는 당회가 제각기 합당하다고 여기면 그대로 인정하거나 다시 세례를 베풀 수도 있다"고 기록되어 있다.

4장

성찬예식과 참여자의 자세

"받아먹으라 이것은 내 몸이다(고전 11:24; 마 26:26; 막 14:22; 눅 22:19). 내 피로 세우는 새 언약이다(눅 22:20; 고전 11:25)"라고 하신 말씀은 도대체 어떤 의미를 지니는 것일까? 우리는 성찬에 참여할 때마다 이 말씀들을 듣는다. 그리고 빵과 포도즙을 받으면서 참회의 눈물로 그리스도의 고난당하심을 그려보기도 한다. 그 속에서 은혜를 체험한다. 그런데 우리는 종종 생각할 때가 있지 않은가? 이 빵은 실제로 주님의 몸일까? 이 포도주는 실제로 주님의 피일까? 어떤 사람들은 그것이 실제로 그리스도의 몸이 되고 피가 된다고 한다. 그런가 하면 어떤 사람들은 단순하게 기념한다고 하며, 또 어떤 사람들은 영적인 임재라고 하기도 한다.

빵과 포도주에 대한 여러 가지 견해들

교회사적으로 볼 때 성만찬에 쓰이는 '빵'과 '포도주'에 관해서는 여러 학설들이 있어왔다. 먼저 천주교(Roman Catholic Church)가 주장해 왔던 것은, 주지하다시피, 화체설(化體說, transubstantiation)이다. 화체설은 사제가 성례를 집행할 때 빵과 포도주가 실제로 그리스도의 몸과 피가 된다는 견해인데, 칼빈 선생은 『기독교 강요』 제4권 17장 15절에서는 "그들이 빵 가운데 포함된 그리스도의 몸이 육체의 입을 통하여 위장 속에 보내진다고 하는 오류에 빠지지 않았다면, 사탄의 계략에 의하여 그처럼 어리석게 속는 일은 결코 없었을 것이다"라고 하면서 화체설 주장자들의 견해를 신랄하게 비판했다. 다음으로는 루터의 견해인데, 그는 그리스도의 육체적 편재론에 근거하여 성찬이 시행될 때 함께 하신다고 하여 공재설(共在說, consubstantiation)을 주장했고 그의 견해는 1580년 일치신조(Formula Concodriae)에 받아들여졌다. 그리고 쯔빙글리(Zwingli)는 예수 그것을 예수의 피와 살을 기억하는 상징(象徵)으로만 보았다. 그리고 칼빈은 영적임재(靈的臨在, Spritual Presence)를 주장했는데, 그는 그리스도의 몸이 하늘에서 내려오는 것이 아니라 성찬을 받는 수찬자가 마음으로 성령을 통하여 그리스도의 전 인격과 교제하는 신비스러운 연합(unio mystica)을 가견적인 상징으로써 보증하는 것으로 보았다.

빵과 포도주에 관한 올바른 이해

그러면 성경과 신앙고백서 및 교리문답서에서는 성찬에 대하여 어떻게 가르치는가? 칼빈의 『제네바 교리문답』 제52주일 355문에서는 "당신은 그리스도의 몸이 빵 속에 그리고 그 피가 잔속에 포함되어 있다고 생각하는 것입니까?"라고 묻고 그에 대하여 다음과 같이 답한다.

"아닙니다. 그 정반대 입니다. 우리는 성찬을 통해서 얻게 되는 것을 이해하기 위해서는 우리의 마음을 높여 하늘로 향해 가도록 해야 합니다. 즉 그곳에는 예수 그리스도께서 아버지의 영광중에 거하고 계시기 때문입니다. 그리고 우리는 바로 그곳으로부터 우리의 구원을 기다리고 있는 것입니다. 그렇기 때문에 우리는 썩어 없어질 물질적인 빵과 포도주에서 그리스도를 찾아서는 안 되는 것입니다."

그리고 356문에서는 "그러면 당신은 이 성찬에는 두 가지 요소 즉 우리가 눈으로 보고 손으로 만지며 혀로 맛보아 느낄 수 있는 물질적인 빵과 포도주이며 다른 하나는 우리 영혼을 내적으로 먹이시는 예수 그리스도가 존재한다는 것입니까?"라고 다음과 같이 답한다.

"그렇습니다. 그리하여 우리의 몸이 생명의 표시에 참여할 수 있게 되었기 때문에 우리는 성찬에서 우리의 몸의 부활에 대해 담보물처럼 확실한 증거를 갖게 되는 것입니다."

이러한 견해는 웨스트민스터 신앙고백서 제29장에도 나타나 있는데 5절은 다음과 같이 가르치고 있다.

"이 성례의 외적 요소는 그리스도께서 정하신대로 올바로 사용되도록 성별되어야 한다. 이 요소는 십자가에 달리신 그리스도와 깊은 관계를 가지고 있으므로 상징적으로 그것을 물질 그대로 즉 그리스도의 몸과 피라고 부르기도 한다(마 26:26-28). 그렇게 부른다 하여도 실체와 본질에 있어서 오히려 전과 조금도 다름없는 모양으로 빵과 포도주 그대로 남아 있다(고전 11:26-27)."

즉 상징적으로 성찬에 사용되는 빵과 포도주를 그리스도의 몸과 피라고 부르긴 하지만, 그 실체 본질에 있어서는 그것은 여전히 빵과 포도주 그대로 있다는 것이다. 물론 웨스트민스터 신앙고백서 제29장 6절에서는 "빵과 포도주가 신부의 축사나 혹은 다른 어떤 방도에 의해 그리스도의 몸과 피의 실체로 변한다는 교리는 성경에 어긋날 뿐 아니라 상식과 이성에도 어긋난다. 이 주장은 성례의 본질을 뒤집는 생각이며 이제까지 여러 미신과 난잡한 우상숭배의 원인이 되어 왔고 지금도 그러하다(행 3:21; 고전 11:24-26; 눅 24:6, 39)"고 함으로써 화체설 교리를 비판하고 있다.

성찬에 임하는 올바른 자세

그러면 우리는 성찬에 임할 때 어떠한 태도를 지녀야 할까? 주님의 말씀과 신앙고백 문서들에서는 거룩한 성찬에 대하여 어떠한 태도를 지니면서 임하라고 가르치고 있는지를 살펴보자. 먼저 『웨스트민스터 신앙고백서』 제29장 4절에는 성찬을 집행하는 자의 태도에 대하여 다음과 같이 가르치고 있다

> "… 또 잔을 회중에게 나누어주지 않거나 빵과 포도주에 절을 하거나 숭배하는 마음으로 높이 들고 이리 저리 돌아다니거나 또 다른 신령한 용도에 쓰겠다고 그것을 보관하는 일이 있다면 이런 일은 모두 이 성례의 본질과 그리스도께서 제정하신 뜻에 위배된다(마 15:9)."

7절에서는 성찬을 받는 자 즉 수찬자의 태도에 대하여 가르치고 있는데, 여기에서는 수찬자의 외적인 태도와 내적인 태도를 논하면서 다음과 같이 서술하고 있다.

"합당한 수찬자는 이 성례에 있어서 유형한 요소에 외적으로 참여하면서 신앙에 의하여 내적으로 참여하는 자이다. 그들은 속되게 육체적으로 받아들이는 것이 아니라 십자가에 못 박히신 그리스도와 그의 죽음에서 오는 모든 은혜를 참으로 영적으로 받는다. 또 그것을 먹고 영적으로 자란다. 그때에 그리스도의 살과 피가 육체적으로 빵과 포도주 안에 함께 혹은 아래 있는 것이 아니다. 이 성례에서 요소 자체가 의미하는 그대로 현실적인 동시에 영적으로 신자들의 믿음에 임재한다(고전 10:16; 요 6:53-58)."

여기서 보는 것처럼 성찬에 참여함으로써 그리스도의 죽으심에서 오는 모든 은혜를 영적으로 받는 것임을 확실하게 가르치고 있는 것이다. 그리고 그것은 결코 그리스도의 살과 피가 육체적으로 빵과 포도주 안에 함께 있는 것이 아니라(웨스트민스터 대교리문답 제170, 171, 174문답 참조), 현실적인 동시에 '영적으로 신자들의 믿음에 임재' 한다고 함으로써 영적 임재설을 가르치고 있음을 본다. 8절에서는 무지하고 완악한 사람들이 성례를 받을 때 그들은 오히려 합당치 않게 성례에 참여하므로 주의 몸과 피를 범하는 죄를 지어 자신에게 심판을 받게 되는 것이므로 무지하며 불경건한 모든 자는 주로 더불어 교통을 즐기기에 합당치 않다고 가르친다(고전 10:21, 11:27, 29; 고전 5:6-7; 고후 3:6, 14-15).

그러므로 우리는 성찬에 사용되는 빵과 포도주는 성찬을 집행할 때 그리스도의 몸과 피로 실제로 변하는 것이 아님을 알아야 한다. 그리고 그것은 단순한 상징에 그치고 마는 것도 아니다. 있는 그대로의 빵과 포도주이지만 그 가운데 그리스도께서 영적으로 임재하심을 믿음으로써 성찬을 받고, 그것을 통하여 그리스도의 은혜를 체험하도록 해야 하겠다. 또한 우리들은 성찬에 임할 때 경건한 마음으로 위와 같은 태도들을 지님은 물론이고, 웨스트민스터 대교리문답 제175문답에서 가르치는 바와 같이, 성찬에 참예

하여 소성함과 위로를 받았으면 하나님을 찬송하며 이 은혜의 계속됨을 빌며 뒷걸음질하지 않도록 주의하며 맹세한 것을 실행하며 이 규례에 자주 참여하도록 힘써야 할 것이다.

> **고린도전서 11장**
>
> 너희가 이 떡을 먹으며 이 잔을 마실 때마다 주의 죽으심을 오실 때까지 전하는 것이니라.
>
> 고전 11:26

5장

유아세례

때때로 우리가 어린 아이들의 고사리 같은 손을 만져보거나 그들의 천진난만하며 해맑은 미소를 보게 될 때, 우리는 그들이 마치 죄악과 불결함으로부터 거리가 먼 존재인 듯 한 인상을 받을 때가 있다. 모든 갓난아이들과 어린 아이들은 어른들의 시각에서 볼 때 정말이지 때 묻지 않고 순진무구한 듯이 보인다. 그럼에도 불구하고 성경은 우리에게 인간이란 모두가 죄를 지닌 존재라고 가르친다(행 17:26; 창 2:16-17; 롬 5:12, 15-19; 고전 15:21-22, 45, 49; 시 51:5; 창 5:3; 요 3:6; 롬 3:10-18. 웨스트민스터 신앙고백서 제6장 1-3절; 웨스트민스터 대교리문답 제22문답 참조).

이처럼 갓난아이들도 죄성을 지니고 태어나기 때문에 그들도 자신들의 죄의 용서를 받아야 할 존재들이다. 어린아이들에게 이러한 언급은 가혹하게 들릴지 모른다. 그러나 하나님의 말씀은 그렇게 말하고 선포하고 있으며, 실제적으로 어린이들을 전도하는 현장에서는 어린이들이 자신이 자기의 죄들을 뉘우치고 주 예수를 영접하는 현상들이 무수히 나타나고 있다. 이렇게 볼 때 어린아이들이라 할지라도 그들은 주님의 구원을 필요로 하는 존재임을 느끼게 된다. 그래서 우리의 선인들은 어린아이들이 아직 유아(幼兒)일 때에라도 세례를 받게 한 것인데, 그것을 가리켜 우리는 '유아세례'(幼兒洗禮, Infant Baptism)라고 하는 것이다.

유아세례의 필요성

유아 세례의 필요성에 관해 하이델베르크 교리문답 제74문의 답은 다음과 같다.

> "그 이유는 유아들도 그들의 부모와 마찬가지로 언약 안에 포함되어 있으며, 하나님의 백성에 속하여 있기 때문이다(창 17:7). 그리스도의 피를 통한 속죄와(마 19:14) 성령에서 오는 믿음의 은사는 그들의 부모에게 대하여 약속된 것 못지않게 약속되어 있으므로(눅 1:15; 시 22:10; 사 44:1-3; 행 2:39), 유아들도 언약의 표지로서의 세례에 의해서 교회에 입적되어야 하는 동시에 불신자들의 자녀와도 구별되어야 한다(행 10:47). 구약 시대에는 할례로써 구별되었고(창 17:4). 신약 시대에는 세례가 그것을 대치하도록 되었다(골 2:12-13)."

이상에서 말하고 있는 바는 무엇인가? 먼저 유아들도 그들의 부모와 마찬가지로 '언약 안에 포함되어 있다'는 점이다. 이 부분은 웨스트민스터 신앙고백서 제28장 4절에서도 다뤄지고 있다.

"실제로 그리스도에게 신앙과 순종을 고백하는 사람들뿐만 아니라(막 16:16; 행 8:37-38) 부모 중 한 사람이나 혹은 두 사람이 다 믿는 어린아이는 세례를 받는다(창 17:7, 9, 10; 갈 3:9-14; 롬 4:11-12; 고전 7:14; 막 10:13-16; 눅 18:15-16)."

다음으로 하이델베르크 교리문답이 말하고 있는 바는 '그리스도의 피를 통한 속죄와 성령에서 오는 믿음의 은사는 그들의 부모에게 대하여 약속된 것 못지않게 약속되어 있으므로' 그들은 '언약의 표지로서'(as a sign of the covenant) 세례에 의하여 교회에 입적되어야 한다는 것이다. 구약시대 때에는 할례(circumcision)로써 하나님의 백성과 이방인들이 구별되었듯이, 신약시대에는 세례로써 신자와 불신자가 구별되어야 하는데 신자의 자녀인 유아도 '유아세례'로써 불신자의 자녀와 구별된다고 가르친다.

그러나 이러한 유아세례를 반대하는 부류들이 교회의 역사상에는 있어왔다. 그들 중의 대표적인 경우는 '재세례파'(Anabaptists)였는데, 그들은 성인 세례(成人洗禮)를 고집했다. 그 운동의 1세대들은 자신들이 이미 받은 유아 세례가 잘못된 의식이라고 간주하면서 성인으로서 죄와 믿음을 공개적으로 고백한다고 하는 의미에서 다시 세례(再洗禮)를 받은 것이다. 즉 그들은 유아들(infants)이 선과 악에 대한 자각이 생기기 전까지는 죄로 말미암은 형벌을 받지 않는다고 생각했던 것이다. 그들의 생각에는 적어도 유아들에게 그러한 죄에 대한 자각이 생기고 난 후에야 스스로의 의지로써 회개하고 세례를 받게 해야 한다는 것이었다.

신자의 마땅한 의무

유아세례를 경시하거나 부정하는 교파들도 있으나, 개혁신앙을 가진 우리는 우리 선조들이 성경 말씀들에 근거하여 선포하고 지켜 온바 신앙고백서와 교리문답의 내용들을 받아들인다. 이근삼 박사가 『기독교의 기본교리』(p.159)에서 말하고 있기도 하듯이 '신자의 자녀들은 은혜계약에 포함'되기 때문이다. 이 박사가 그 근거로서 제시한 바와 같이, 갈 3:29절에서는 신자의 자녀인 유아들도 그리스도에게 속한 자로서의 아브라함의 자손이라고 말씀하고 있고, 행 2:39에서는 '이 약속은 너희와 너희 자녀와 모든 먼데 사람 곧 주 우리 하나님이 얼마든지 부르시는 자들에게 하신 것이라'고 하신다.

그러므로 우리는 우리 선인들이 하나님의 말씀에 기초하여 세운 신앙의 전통을 고수하는 태도를 견지해야 하겠다. 왜냐하면 우리의 자녀들 역시 그리스도 안에서 약속을 받았기 때문이다. 구약에 할례가 주어졌듯이 신약 성도들에게는 세례가 주어졌고, 신자의 자녀들도 약속을 받았으므로 그들에게 유아세례를 시행하는 것이다. 그리고 그들이 어릴 때부터 불신자의 자녀들과 구별될 수 있도록 하는 것은 신자인 부모로서 당연한 도리이다.

갈라디아서 3장과 사도행전 2장

"너희가 그리스도께 속한 자면 곧 아브라함의 자손이요 약속대로 유업을 이을 자니라."

갈라디아서 3:29

"이 약속은 너희와 너희 자녀와 모든 먼데 사람 곧 주 우리 하나님이 얼마든지 부르시는 자들에게 하신 것이라"

사도행전 2:39

✣ 학습 문제

1. 웨스트민스터 신앙고백서 1장 6절에서는 성경에 대하여 어떻게 가르치고 있는가?

2. 브루스(F. F. Bruce)는 성경이 될 수 있었던 책들의 특징들로서 어떤 것들을 제시했는가?

3. 하나님의 말씀은 누가 설교할 수 있는가?(웨스트민스터 대교리문답 제158문답 참조)

4. 설교를 듣는 청중들은 설교에 대하여 어떠한 태도를 지니는 것이 바람직한가? (웨스트민스터 대교리문답 제160문답 참조)

5. 성례와 성찬이 일치하는 점은 무엇인가?

6. 성례와 성찬이 다른 점은 무엇인가?

7. 천주교의 미사교리를 배격해야 하는 이유는 무엇인가?

8. 천주교, 루터, 쯔빙글리의 견해와는 달리 우리는 어떠한 태도로 성찬을 받아야 하는가?

9. 성찬에 참여할 때 성도가 가져야할 올바른 태도는 무엇인가?

10. 유아도 세례를 받아야 할 이유는 무엇인가? (하이델베르크 교리문답 제74문답 참조)

| 제5부 |

교회론

 1장

무형교회와 유형교회

'교회란 무엇인가?' 이 주제는 우리 기독교 공동체가 항상 던져 온 질문이다. 교회의 본질이 희석되어간다고 느낄 때마다 교회의 고유성을 간직하고 회복하기 위해 우리는 종종 이 질문에 직면하지 않을 수 없는 것이다. 그러므로 그만큼 소중한 질문이 아닐 수 없다. 오늘날 지역교회들은 복음전파와 사회봉사를 위하여 갖가지 프로그램들을 개설한다. 그러나 종종 우리는 그 많은 프로젝트들 속에서 과연 그것이 교회의 본질과 어떻게 연관되어 있는가를 잊어버리곤 하는 것이다. 그러므로 우리들은 교회가 무엇인가를 항상 생각하면서 복음전파를 위한 직간접적인 사업들을 해가야 할 것이다.

거룩한 공회의 의미

니케아 신조(Nicene Creed, A. D.325)는 '우리는 거룩하며, 우주적이고 사도적인 하나의 교회를 믿는다' 고 선언하고 있다. 이것은 우리말로 번역된 사도신경적 표현에서의 '거룩한 공회' (holy Catholic Church)라고 할 수 있다. 하이델베르크 교리문답 제54문에서는 이 '거룩한 공회' 에 대하여 무엇을 믿느냐고 묻고 그 질문에 대하여 다음과 같이 답하고 있다.

"하나님의 아들은(엡 4:11-13, 5:26; 요 10:11; 행 20:28) 세상의 시작에서 마지막 날까지(시 71:17-18; 사 59:21; 고전 11:26) 인류 가운데서(창 26:4; 계 5:9) 선택된 사람들에게 영생을 주시기 위하여(롬 8:29; 엡 1:10-13) 그들을 불러 보호하시되(마 16:18; 요 10:28-30; 시 129:1-5) 그 성령과 말씀 안에서 믿음으로 하나가 되게 하여(행 2:42; 엡 4:3-5) 우리를 그 속에서 거하게 하시며(요일 3:14, 19-21; 고후 13:5), 하나님의 교회의 산 지체가 되게 하신다는 것을 믿는 바이다(시 23:6; 고전 1:8-9; 요 10:28; 요일 2:19; 벧전 1:5)."

두 종류의 교회

이 교리문답이 가르치고 있듯이 우리는 하나님의 교회의 산 지체가 되었다. 그러면 이 교회는 어떻게 분류되고 있는가? 웨스트민스터 신앙고백서 제25장은 교회에 관하여 다루고 있는데 1-2절에서는 '무형 교회' (the invisible Church)와 '유형 교회' (the visible Church)로 구별하여 설명하고 있다. 그러면 유형교회와 무형교회는 무엇인지 조금 더 구체적으로 살펴보자. 웨스트민스터 대교리문답 제64문은 '무형교회' 에 대하여 '무형교회는 머리되시는 그리스도 밑에 하나로 모이며 장차 모일 택한 자의 총수'

라고 설명한다(엡 1:10, 22-23; 요 10:15, 11:52). 그리고 62문은 '유형교회'에 대하여 다음과 같이 말하고 있다.

> "유형교회라는 것은 참 종교를 고백하는 세계의 모든 시대와 장소에 있는 모든 사람과 그들의 자녀로 구성된 한 단체이다(고전 1:2; 롬 9:1, 15:9-12; 계 7:9; 시 2:8, 22:27-31; 마 28:19-20; 행 2:39)."

그러면 유형교회의 특권은 무엇인가? 웨스트민스터 대교리문답 제63문답은 그것에 대하여 알려 준다.

> "유형교회가 갖는 특권은 하나님의 특별한 보호와 관리 밑에 있는 것과, 모든 적의 반항에도 불구하고 모든 시대에 있어서 보호를 받으며 보존되는 것들이다. 성도의 교통과 구원의 방편과 복음의 역사로 오는 은혜의 초청이다. 곧 교회의 모든 회원들에게 누구든지 그를 믿으면 구원을 얻고 그에게 오는 자를 한 사람도 버리지 않으시겠다고 증언하시는 그리스도에 의한 은혜의 초청을 누리는 특권이다(사 4:5-6; 딤전 4:10; 시 115:1-18, 147:19-20; 슥 12:2-4, 8-9; 행 2:39, 42; 롬 9:4; 엡 4:11-12; 막 16:15-16; 요 6:37)."

유형교회와 구원

유형교회에 속한 사람들은 모두 다 구원을 받는가? 이 문제에 대하여 웨스트민스터 대교리문답 제61문답에서는 다음과 같이 말한다.

> "복음을 듣고 유형교회에서 생활하는 사람들이 다 구원을 얻을 수 있는 것은 아니고, 다만 무형교회의 진정한 회원만이 구원을 얻게 됨을 말하고 있다."

즉 지역교회에 속해 있는 이들이라고 하더라도 '진정한 회원만이' 구원을 얻게 된다는 점을 지적하고 있다. 그런데 어떤 이설 주장자들은 바로 이러한 점을 공략하면서 마치 지상의 교회가 다 부패한 것처럼 말하기도 하며 또 기성교회에는 구원이 없고 자신들의 집단에만 구원이 있다는 식으로 말하기도 한다. 그러나 이 문답에서도 밝히고 있듯이 사도적이며 보편적인 무형교회의 진정한 구성원들만이 구원받은 백성인 것이다.

우리 찬송가에 있는 '먹보다도 더 검은'이라는 곡의 '먹빛'이라는 말은 사실 작시자에 의하면 검정색 얼룩(blackest stains)을 의미한다. 그 낱말들이 우리의 선인들에 의하여 '먹빛'이라고 의역되었는데, 그 의역은 좀 지나친 듯하면서도 작시자의 의도는 충분히 반영했다고 생각한다. 그렇다! 먹빛 보다 더 검은 우리의 죄를 주 예수 그리스도의 보혈의 공로로 흰 눈처럼 씻어주셨다. 이 구원의 은총을 입은 우리는 거룩한 공회의 성원이 되었다. 이 한량없는 은총을 베풀어주신 하나님께 감사하고 성도들과 복된 교제 속에서 행복하게 생활해가자.

세상에서 마귀가 우리 영혼을 죽이고, 교회당에 있을 때만 보호받는가?

어느 목사는 주장하기를, "세상에서는 마귀가 우리 영혼을 죽입니다. 오직 성전에 거할 때 하나님께서 우리의 영혼을 책임져주시고 보호해 주실 수 있다는 것입니다." 또 어떤 이설 주장자도 '이 땅 즉 우주를 마귀가 갇혀 있는 음부'라고 한 적이 있는데 그에 의하면 이 음부를 하나님께서 창조하셨다고 했다. 즉 그는 하나님의 선하시면 온전하신 창조를 부인하기까지 한 경우이다. 이러한 주장들은 철저한 이원론적 사고방식이다. 이러한 생각은 결코 건전하다고 할 수 없다. 이러한 주장에 따라 살려고 하면 사회생활과 일체의 문화적 사명은 감당할 수 없고 다만 교회당 안에서만 살아야 한다는 결론이 나온다. 하나님은 전지전능하시며 무소부재하신 분이시다. 하나님은 아니 계신 곳이 없으시다. 바다 끝에 갈지라도 거기도 계시는 분이시다. 게다가 하나님은 신자들에게 이 세상 속에서 빛처럼 소금처럼 살라고 하시고, 이 세상에서 문화적 사명을 수행하라고 명하신 것을 기억할 때에 우리는 그러한 생각에 동의할 수 없다.

 2장

참 교회와 거짓 교회

　최근 들어 발견한 흥미로운 사실이 하나 있는데, 그것은 바로 정통 교단들이 이단 혹은 사이비단체로 규정해 놓은 단체들이 자신들은 이단이 아닌 척 하면서 오히려 이단이란 무엇인가와 같은 제목의 글들을 게재하고 있다는 점이다. 광명의 천사와 같이 가장하는 그들의 지도자를 본받은 이단·사이비단체들의 위장된 태도는 참람하기 그지없다(고후 11:14). 거짓 단체들이 스스로 말하기를 자기들은 옳고 다른 교회 즉 기성교회들은 거짓교회라고 가르치고 있는 것이다. 그러한 여러 부류들 가운데는 자신들만이 진정한 교회라고 주장하는 여호와증인이 있다. 그들은 자신들만이 참된 하나님의 교회이며 다른 기독교회는 마귀를 따르는 무리라고 한다(한기총 2004, p.92. 기성, 1993). 토요일 안식일을 지키고 있는 안식교도 역시 일요일에 예배하는 교회들을 혹평하고 있는데, 그들의 지도자였던 엘렌 G. 화이트는 그녀의 저서 『대쟁투』에서 말하기를, '일요일에 예배하는 것은 하나님의 계명이 아닌 인간의 계명을 따른 것으로서 거짓 예배이며, 짐승의 표를 받으며, 가장 참혹한 심판을 초래한다'고 했다. 그들만이 '남은 자손'으로서 참 교회요, 로마 카톨릭은 배도(背道) 했으며 개신교회는 성경 진리로부터 떠났다고 한다(한기총 2004, p. 88, 통합, 1994).

참 교회와 거짓 교회의 차이점

그러면 우리 믿음의 선인들은 이러한 문제에 대하여 어떻게 가르쳐왔는가? 벨기에 신앙고백서 제29장은 '참 교회의 특징 및 거짓 교회와의 차이점'에 대하여 다음과 같이 서술하고 있다.

> "우리는 마땅히 성실하고 주의 깊게 참 하나님의 교회가 무엇인가를 말씀을 통해 알아야만 한다고 믿는 바인데, 그 이유는 이 세상에 모든 이단도 스스로 교회라는 이름으로 존재하기 때문이다. 여기에서 우리가 말하는 것은 위선자들, 비록 외형적으로는 교회 안에서 선한 성도들과 함께 존재하면서 실상은 참 교회의 요소가 아닌 자들에 대하여 말하는 것이 아니다. 우리가 여기서 말하고자 하는 것은 스스로 교회라고 부르는 온갖 이단들로부터 참 교회의 하나 됨이 반드시 구별되어야만 한다는 것이다."

이처럼 '참 교회'(The true Church)가 무엇인가를 알아야 할 이유가 '이단들로부터 참 교회를 구별' 하기 위하는 목적이 있음을 말하고 있다.

참 교회의 기준

고백서에서는 계속하여 참 교회임을 알 수 있는 몇 가지 사실들을 열거하고 있다. 즉 복음의 순수한 교리가 전파되고, 그리스도에 의해 세워진 성례가 순수하게 이행되며, 교회의 가르침으로 인해 죄를 징벌하는 일이 일어난다면 이는 참 교회에 속하는 것이다. 모든 일이 참된 하나님의 말씀에 따라 이뤄지며 동시에 말씀에 어긋나는 모든 일이 제거될 때 그리고 예수 그리스도께서 교회의 유일한 머리 되신 분으로 인정됨으로 그 누구도 이 분에게서 벗어날 권리가 없다는 사실을 인정할 때 에야만 참 교회로 분명히 알 수 있다고 가르친다. 그리고 교회인 성도에 관하여 생각해 볼 때, 다음의 몇 가지로 인하여 그들이 그리스도 됨을 알 수 있다고 한다. 즉 믿음으로 예수 그리스도를 유일한 구세주로 받아들인 후에 죄를 멀리하며 의를 따라 살고, 참 하나님과 그 이웃을 사랑하며, 모든 것을 참으면서 육체의 정욕을 십자가에 못 박는 삶을 살아갈 때에 그리스도인의 흔적을 갖게 되는 것이다. 그러나 그렇다고 해서 그리스도인들에게는 마치 허물이 전혀 없는 것처럼 오해해서는 안 된다. 다만 그리스도인들은 모든 생활에 있어서 성령을 힘입어 모든 죄악과 싸워나가면서 그리스도를 믿는 믿음을 통하여 모든 죄를 사해주신 우리 주 예수 그리스도의 보혈과 돌아가심 그리고 고난당하심과 순종하심에 힘입어 살아가는 것이다.

거짓 교회의 모습

하나님의 말씀 보다는 그들 스스로의 권위와 법령들(ordinances, 교령들)에 보다 더 권위를 부여하는 교회이다. 그들은 그리스도의 멍에에 그 자체를 예속시키기를 원치 않는다. 그리고 그리스도께서 그분의 말씀 안에서 명령하신 성례들을 집행하지 않는다. 그 거짓된 교회는 예수 그리스도에게

가 아니라 사람들(men)에게 더 기초하고 있다. 그 거짓된 교회는 하나님의 말씀을 따라서 거룩하게 살려고 하고 그들 자신의 잘못들(faults)이나 탐욕(greed)이나 우상숭배(idolatry)를 질책하는 이들을 핍박한다. 이러한 측면들을 볼 때에 우리는 이 두 종류의 교회들을 쉽게 인식할 수 있다는 것이다.

최근 들어 이단·사이비단체들은 더욱 교활해지고 거짓된 위장술로 참 교회 내에 침투하기도 하고, 그들의 가장된 광명으로써 참된 교회의 빛을 제압하려 든다. 그러나 참 교회의 주인이시며 사망의 세력을 깨뜨리시고 부활하신 우리 주 예수 그리스도께서는 그의 참 교회가 승리하게 하실 것이다. 그의 사역자들과 성도들에게 분별력을 주시고 영적 능력을 주실 것이다. 진리관이 혼탁해지고 종교 다원주의적 세계관이 만연해가는 이 후기근대사회 속에서 우리 성도들은 더욱 깨어 있어서 거짓교회의 세력을 대항하며 참 교회 본연의 모습을 잘 유지해 가야 할 것이다.

에베소서 6장

"우리의 씨름은 혈과 육에 대한 것이 아니요 정사와 권세와 이 어두움의 세상 주관자들과 하늘에 있는 악의 영들에게 대함이라. 그러므로 하나님의 전신갑주를 취하라 이는 악한 날에 너희가 능히 대적하고 모든 일을 행한 후에 서기 위함이라."

에베소서 6:12-13

 3장

보편적 교회의 완전성

"지금 한국교회는 파선했다. 한국교회 98% 이상이 마귀에게 사로잡혔고 한국교회 90%이상은 싸우고 갈라져서 세운 교회이다. 한국교회는 사도행전에 바울의 말을 듣지 않고 선장의 말을 듣고 항해를 계속했다가 파선당한 사건과 같이 선장이 잘못해서 파선했다. 한국교회를 구원할 사람은 여러분뿐임을 믿으라."

"어느 도시에서든 지방교회 아닌 다른 교회에 들어가면 당신은 분열로 들어간 것이다. 교파 안에 있을 때 우리는 소경이었다. 나는 그리스도인으로서 참 빛을 얻고 그리스도인이 여전히 교파 가운데 남아 있을 수 있다고 믿지 않는다."

이상과 같은 발언은 한국교회에서 이단성 있는 운동으로 규정된 어느 단체들의 지도자들이 주장한 내용이다.

주님의 몸된 교회를 향하여 악의적인 발언을 하고, 자신들이 속한 공동체만이 정결한 것같이 주장하는 것은 이단성 있는 단체들 혹은 불건전한 운동을 하는 단체들이 현저하게 드러내어온 성향이다. 어떻게 그들이 완전할 수가 있겠는가! 구원받고 성화의 길을 걸어가는 우리들에게 여전히 불의와 죄악에 물들 위험과 가능성이 남아 있는데, 그들처럼 그릇된 생각에서 자신들만이 완벽하고 일반 기성교회는 분열 속에 있으며 마귀에게 사로잡혔다고 할 수가 있는가? 이런 주장들은 지상교회의 성격에 대하여 충분히 이해하지 못한 데서 나온 무지의 결과임에 틀림없다.

지상교회의 불완전성

그러면, 지상교회는 과연 완전한가? 이 질문에 대하여 가장 명쾌한 답변을 제시하고 있는 것은 웨스트민스터 신앙고백서 제25장 '교회에 관하여'이다. 같은 장의 제4절에서는 다음과 같이 말하고 있다.

> "이 보편적인 교회는 때로는 더 잘 보이고 때로는 잘 보이지 않는다(롬 11:3-4; 행 9:31). 보편적 교회의 지체인 개 교회는 복음의 교리가 어떻게 바로 가르쳐지고 받아들여지고 규례가 집행되며, 공예배가 행해지는 데에 따라 더 순결하기도 하고 혹은 덜 순결하기도 하다(고전 5:6-7; 계 2:3)."

여기서 말하고 있는 바는 무엇인가? 공교회(catholic Church)는 때때로 좀 더 혹은 좀 덜 보이기도(sometimes more, sometimes less visible) 한다고 설명한다. 그리고 좀 더 혹은 좀 덜 순결(more or less pure)하다고 한다. 그렇게 측정하는 기준이 되는 것은 무엇인가? 여기에서는 '복음에 대한 교리가 가르쳐지고 받아들여지며, 규례들이 시행되어지고, 공적 예배가 수행되어지는 정도에 따라서(according as) 그렇게 설명할 수 있다고 밝히고 있다.

5절에서는 다음과 같이 가르치고 있다. 하늘 아래 가장 순결한 교회라도 혼잡과 과오에 빠질 수 있다(The purest Churches under heaven are subject both to mixture and error. 마 13:24-30, 47-48). 심지어 어떤 교회는 그리스도의 교회가 아니라 사단의 회가 될 만큼 타락하였다(롬 11:18-22; 계 18:2). 그러나 하나님의 뜻을 따라 하나님을 경배하는 교회가 지상에 있게 될 것이다(마 16:18, 28:19-20; 시 102:28). 이 조항은 위에서 언급한바 자신들의 단체만이 결함이 없고 기성교회는 부패 타락했다고 주장하는 '소위 완전주의자들'의 견해를 일소(一掃)할 수 있는 선명한 정의이다. 그렇다. '하늘 아래 가장 순결한 교회라도'(the purest Churches under heaven) 혼잡(mixture)과 과오(error)에 빠질 수 있다. 직분을 초월하여 그 구성원들 내부에는 문제점을 안고 있을 수 있는 것이다. 그 교회들 가운데 몇몇 교회들은 그리스도의 교회들(Churches of Christ)이라고 할 수 없을 정도로 퇴보하기도 한다.

그러나 중요한 사실은 무엇인가? 그 다음 설명에 시선을 집중해보자. 그럼에도 불구하고(nevertheless) 지상에는 그분의 뜻을 따라 하나님을 예배하는 교회가 항상 있을 것이다. 이 고백은 정통교회의 '교회관'에 있어서 상당히 중요한 부분이 아닐 수 없다. 그러므로 이단 혹은 사이비 단체들이 기성교회를 폄하하고 평가절하하는 일련의 일들은 바로 그리스도 몸으로서의 교회의 권위에 도전하는 것이며, 결코 용납될 수 없는 처사이다.

오늘날 이단으로 넘어가는 많은 사람들 가운데는 자신이 출석하는 교회에 대하여 불만을 가진 이들이 많다. 어떤 이단 단체의 기성 교회 침투 전략 가운데는 '교회에 대하여 불평불만이 많은 사람들을 목표로 삼으라' 는 말이 발견되기도 한다. 완전한 교회의 모습들을 기대하는 것은 우리 모두의 소망이다. 그러나 현실적으로 교회들이 혼잡과 과오를 지니고 있다고 할지라도, 그러한 부족한 부분들을 위하여 기도하는 태도를 가져야 한다. 교회 생활을 통하여 복음을 들으며, 규례들을 지키며, 예배를 드리면서 은혜를 체험하며 생활한다면 주께서 교회와 성도들에게 약속하신 은총을 누리기에 부족함이 없을 것이다.

교회에 대한 악의적 불평, 어떻게 보아야 할까?

최근 한국교회를 어지럽히고 있는 독선주의자들 혹은 이단 단체들은 기성 교회들의 '부정적인 측면들'을 드러내어 공격함으로써 성도들이 자신들을 따르도록 하고 있다. 자신들의 단체나 교리가 정당하다는 것을 옹호하기 위해서 그들은 기성 교회들의 잘못들을 드러내어 혹평한다. 그들은 주로 기성교회의 목회자들과 관련된 비리들에 집중한다. 가령 그들 가운데 어떤 이는 말하기를 "기성교회는 모두 마귀가 만든 교회"라고 주장하는 이가 있는가 하면, 다음과 같이 말하는 이도 있다. "기성교회 성도들은 수년간 교회를 다녀도 구원의 확신이 없고 자신들의 단체에 와야 구원의 확신을 얻어 새 삶을 얻는다." "지금 한국교회는 파선했다. 한국교회 98%이상이 마귀에게 사로잡혔고, 한국교회 90%이상은 싸우고 갈라져서 세운 교회이다." 그러나 신실한 성도들은 그러한 주장들을 배격하고, 오히려 교회를 위하여 기도하면서, 주의 복음을 위하여 헌신하는 태도를 가지는 것이 지혜롭다.

 4장

그리스도와 성도의 연합

　언젠가 신학교 동기가 목회하는 교회에 이단경계에 대한 강의를 간 적이 있었다. 시간 전에 도착하여 교제를 나누었는데, 그것은 신학교를 졸업하고 아주 오랜 세월 뒤의 만남이었다. 훌륭한 목회자요 학자가 되어 있는 그를 볼 때 흐뭇하고 기뻤다. 그는 필자에게 바울 사도가 '교제'(koinonia)라는 말을 신학적인 목적을 가지고 사용했다고 말해주었는데 충분히 이해가 가는 견해였다. 참으로 이 세상은 '교제'로 충만한 것 같다. 자신과 동질 문화권에 있는 이들과는 동일한 모국어로, 이질 문화권에 있는 자들은 외국어를 배워서라도 만나고 의사소통을 하고 교제하기 원하는 것이다. 그런데 교제(fellowship)라는 것은 교제할 그 대상을 이해(理解)하는 것부터 시작하지 않을 수 없다. '대상에 대한 이해'는 교제를 위한 지평을 열어 준다.

주님과 교제 이전에 확인해야 할 사실들

우리가 주님과 교제한다고 할 때 우리는 주님께 대하여 무엇을 이해하고 접근하여 교제를 시작하며 지속할 수 있는가? 그리고 그 교제가 가져다주는 결과는 무엇인가? 웨스트민스터 신앙고백서 제26장은 '성도의 교통에 관하여' 다루고 있는데 1절에서는 다음과 같이 가르치고 있다.

> "머리이신 예수 그리스도에게 그의 성령과 신앙으로 연합된 모든 성도들(all saints)은 그의 은혜, 고난, 죽음, 부활과 영광 가운데 그와 교제(交際, fellowship)한다(요 1:3; 엡 3:16-19; 요 1:16; 빌 3:10; 롬 6:5-6; 딤후 2:12)."

여기에 보면 먼저 그리스도와 성도들이 '성령과 믿음 안에서'(by His Spirit, and by faith) 연합되어 있다는 것을 말한다. 그렇다. 하나님과 인간을 연합시킬 수 있는 것은 인격적이신 성령 하나님의 역사하심으로 시작된다. 성령께서 성도 안에서 믿음의 씨앗을 심어주심으로써 그리스도의 은혜를 받아들이게 되고, 그 속에서 하나님과 인간의 교제가 싹트게 되는 것이다. 인간이 살아계시는 하나님과 더불어 '교제' 하게 된다는 이 사실은 얼마나 큰 기적인가! 우리가 당연한 사실로 받아들인 부분일 수도 있지만, 재삼 생각해보면 그것이 얼마나 위대하며 신비스런 기적인가를 느끼게 된다.

그리스도와의 연합과 하나님의 역사

이것은 웨스트민스터 대교리문답 제66문답에 말하는 성도 즉 선택된 자가 그리스도와 함께 가지는 연합의 차원에서 생각해 볼 수 있는 문제이다. 그에 대한 답은 다음과 같다.

"선택된 자가 그리스도에게 연합됨은 하나님의 은혜의 역사니 이로 말미암아 영적으로, 신비적으로, 참으로 나눌 수 없이 그들의 머리와 남편이 되시는 그리스도께 결합되는 것이다. 이는 그들의 유효한 부르심에서 이루어지는 것이다"(엡 1:22, 2:6-8, 5:23; 고전 1:9, 6:17; 요 10:28; 벧전 5:10).

그러면 이렇게 연합된 무형교회의 회원들이 그리스도와 함께 누리는 영광중의 교통(communion)이란 무엇인가? 이 질문에 대하여 웨스트민스터 대교리문답 제82문의 답은 다음과 같이 가르친다.

"무형교회(불가견적 교회, invisible church) 회원들이 그리스도와 함께 누리는 영광중의 교통이란 현세에도 있는 것이며(고후 3:18), 사후 즉시 일어나는 것인데(눅 23:43) 마침내 부활과 심판의 날에 완성되는 것이다(살전 4:17)." 주님과 함께 하는 교통은 이 세상에서도, 죽은 이후 직후에라도 (immediately after death), 그리고 마지막에 가서 완성되는(at last perfected) 그런 것임을 설명하고 있다."

성도가 현세에서 그리스도와 함께 즐기는 영광중의 교통은 무엇인가? 여기에 대하여 83문은 다음과 같이 말한다.

"무형교회의 회원들은 그들의 머리이신 그리스도의 지체이므로 현세에서 그리스도와 함께 영광의 첫 열매를 누리며, 그 안에서 그가 소유하신 영광에 참여하게 되며(엡 2:5,6), 그 보증으로 하나님의 사랑과(롬 5:5. cf. 고후 1:22) 양심의 평화와 성령 안에서의 기쁨과 영광의 소망을 누리게 된다(롬 5:1-2, 14:17). 반면에 하나님의 보복하시는 진노(God's revenging wrath)와 양심의 공포(horror of conscience)와 심판에 대한 두려운 기대(fearful expectation of judgment) 등이 악인들에게 따르는데 이것들은 그들이 사후에 견뎌야 할 고통의 시작인 것이다(창 4:13; 마 27:4; 히 10:27; 롬 2:9; 막 9:44)."

그러므로 거룩한 공회의 구성원으로서의 우리들은 '현세에서도' 그리스도가 소유하신 영광에 참여할 수 있어야 하겠다. 하나님의 사랑(the sense of God's love)과 양심의 평화와 성령 안에서의 기쁨(joy in the Holy Ghost)과 영광의 소망(hope of glory)을 즐기면서 살아야 하겠다.

 5장

권징

　교회에서 인정받기 위하여 허위 사실들을 교회에 알렸다면 그리고 그러한 것들이 긍정적으로 작용하여서 자신의 위치 확립에 유익을 가져왔다면 어떻게 해야 할 것인가? 계명들에 위배되는 일들을 할 때마다 교회에 알리고 시벌을 받아야 할까? 교회 내에서도 벌이 있다는 것을 아는 성도들은 얼마나 될까? 죄의 용서를 외치는 교회에서 왜 성도들에게 벌을 내려야 할까? 이 모든 것은 가능한 질문이며 또 교회 내에서 일어나고 있는 현상들이라고 할 수 있다.
　교회의 구성원으로서 공교회 앞에서 벌을 받는다는 것은 참으로 힘든 일임에 틀림없다. 그리고 한국사회는 특히 체면을 중시하는 사회이므로 벌을 달게 받는 이들도 있지만 시벌되었을 때 오히려 교회를 옮기는 일까지도 발생한다. 언젠가 필자로서도 뭐라고 답변하지 못할 상담을 요청해 온 성도가 있었다. 그는 교회 행정적으로는 있어서 안 될 일을 한 것이다. 거기에 대하여 필자는 명쾌하게 답변하지 못하고 최소한 그의 가정이 안정된 가운데 그 일을 해결해 갈 수 있도록 조언한 적이 있다. 그러면 교회의 권징이란 무엇인가? 또 왜 시행해야 하며, 그 목적은 무엇인가? 이러한 문제들을 우리는 신앙고백서를 통하여 살펴보자.

권징의 근거

웨스트민스터 신앙고백서 제30장에서는 이 주제에 대해 논하고 있는데, 제1절에서는 '주 예수는 자신의 교회의 왕과 머리이시므로 국가 공직자와 구별되는 교회직원들(Church officers)의 손에 정치(government)를 정해 주셨다'고 가르친다. 그 근거가 되는 말씀은 사 9:6-7; 딤전 5:17; 살전 5:12; 히 13:7, 17, 24; 고전 12:28; 마 28:18-20; 요 18:36 등이다. 그리고 제2절에서는 다음과 같이 권징의 성격에 대해 논하고 있다.

> "이 (교회의) 직원에게 천국의 열쇠가 맡겨져 있는데, 그 주어진 힘으로 직원들은 각각 죄를 정하기도 하고, 사할 수도 있으며, 회개하지 않는 자에게는 말씀과 권징으로 천국을 닫고, 회개한 죄인에게는, 필요에 따라 복음의 사역과 권징의 해제에 의해서 천국을 열어 줄 권한을 가지고 있다(마 16:19; 18:17,18; 요 20:21-23; 고후 2:6-8)."

여기에서 가르치는 바는 '죄'를 정하기도 하고 사할 수 있는 권한을 교회 직원들이 갖고 있다는 것이다. 그리고 그 해결은 '회개'에 있다는 것이다.

권징의 목적

사실 이 부분은 아주 중요하다. 우리가 만약 권징의 목적 혹은 의도를 이해하지 못할 때에는 공동체가 치유되기 보다는 오히려 혼란스럽게 될 우려도 있다. 그러면 신앙고백서는 권징의 목적을 어떻게 말하고 있는가? 웨스트민스터 신앙고백서 제30장 3절에서는 다음과 같이 가르치고 있다.

"교회의 권징은 과오를 범한 형제를 고쳐서 잃어버리지 않기 위해 필요하며, 다른 사람들이 같은 과오를 범하는 것을 방지하며, 온 덩어리에 퍼질 누룩을 없애버리고, 그리스도의 명예와 복음의 거룩한 고백을 옹호하기 위함이다. 만약 그들이 하나님의 언약과 그의 인장을 악하고 완고한 범죄자들로 말미암아 더럽혀지는 대로 버려둔다면 마땅히 그 교회에 떨어질, 하나님의 진노를 막기 위하여 필요하다(고전 5장; 딤전 5:20; 마 7:6; 딤전 1:20; 고전 11:27-34; 유 23)."

여기서 말하고 있는 것처럼 권징의 목적이란 먼저 '과오를 범한 형제를 고쳐서 잃어버리지 않기 위해서'이다. 그리스도 안에서 구원받은 형제자매를 세워주기 위하여 필요한 것임을 밝히고 있다. 그리고 권징이란 당사자가 아닌 교회 내의 모든 성도들로 하여금 그들로 하여금 그러한 죄를 범하지 않도록 '방지하려는 목적'도 지니고 있기도 하며, 그 밖의 목적들을 위하여 필요하다고 가르치고 있다. 4절에서는 교회에서 이 권징을 더 효과적으로 달성하기 위한 여러 가지 벌로서, 권계(admonition), 주의 성찬 참여의 일시적 정지(suspension from the sacrament of the Lord's Supper for a season), 그리고 교회로부터의 출교(excommunication from the Church) 등이 있다고 가르친다(살전 5:12; 살후 3:6, 14, 15; 고전 5:4-5, 13; 마 18:17; 딛 3:10).

권징의 필요성

사실 '권징'이란 개혁자들 목회에 있어서 중요한 비중을 차지하였지만, 오늘날에 와서는 점점 약화되고 있다고 생각된다. 교회가 권징을 잃어버리게 될 때 교회의 근본 질서가 훼손되고 거룩한 주님의 몸으로서의 교회가 혼란에 빠질 수도 있으므로 적절한 권징의 시행이 요구된다. 그러나 권징을 시행하는 직무를 맡은 이들은 무엇보다도 범과한 형제자매들의 영혼을 위하여 간절히 기도하고 그들을 그리스도 안에서 사랑하는 마음이 충만한 가운데 성도의 삶을 견실하게 세워주기 위하여 권징을 시행하기를 잊지 말아야 할 것이다. 그리고 권징을 시행하는 직분자들 스스로도 항상 깨어 있어야 한다. 권징을 시행함에 있어서는 강제적인 법률 이전에 그리스도인의 사랑과 덕도 필요함을 잊지 말아야 하겠다.

6장

교회의 직분

교회의 직분들은 참으로 소중하다. 개혁주의 교회에서는 목사와 장로와 집사의 직분을 주님께서 교회의 항구적인 유익을 위하여 세우신 것으로 믿는다. 직분 받는 것을 소중하게 여기는 것은 외국의 경우도 예외가 될 수 없지만, 우리나라는 장립 받는 날을 축하하는 예식이 타국들에 비하여 아주 성대한 것 같다. 그만큼 뜻 깊고 의미 있는 날이기 때문일 것이다. 주의 교회를 열과 성을 다 쏟아 부었고 또 그렇게 할 것이기 때문에 하객들이 그렇게 축하하리라 짐작한다. 그러나 종종 그 직분에 대하여 오해하고 있는 경우들 또한 있음을 전해 듣게 된다. 허순길 박사가 개혁교회의 직분론을 논하면서 누누이 강조한 바와 같이 교회의 모든 직분은 명예가 아니라 섬김을 위하여 주신 것이다. 그러므로 오늘 우리는 교회의 직분의 성격에 대하여 숙고해보아야 할 것이다.

직분의 종류

1561년 기 드 브레(Guy de Bres)에 의하여 작성되었던 개혁교회의 중요한 고백 문서인 벨기에 신앙고백서(Confessio Belgica) 제30장에서는 참 교회는 주님께서 말씀 가운데에서 가르쳐주신 그 영적인 형태에 의해 다스려져야만 한다는 것을 믿는다고 하면서 다음과 같이 가르치고 있다.

> "다시 말해서 목사에 의해 하나님의 말씀이 강론되며 성례가 이뤄지고, 목사와 더불어 장로와 집사가 교회 회의를 구성하며, 이렇게 됨으로써 참 종교가 보존되며, 모든 곳에서 진실한 가르침이 전파되고, 영적인 방법에 의하여 범죄자들이 징벌을 받으며, 구속받게 되는 것이다. 또한 가난한 자와 억눌린 자가 그들의 필요에 따라 구제받고 안위를 얻게 되는 것이다. 따라서 마치 사도 바울이 디모데서에서 기록한 바와 같이 믿음 있는 성도들이 뽑히게 될 때 교회 안에서는 모든 일이 선한 순서와 질서를 따라 이루어져가는 것이다."

이 고백서의 조항에서 가르치고 있는 바는 무엇인가? 그것은 먼저 목사에 의해 하나님의 말씀이 강론되고 성례가 집행되어야 한다고 강조한다. 그리고 교회의 회의는 목사와 장로와 집사로 더불어 구성된다는 점을 말하는데, 교회에는 이 직분들이 주어져 있음을 전제로 하고 있다. 이렇게 올바른 교회 조직을 통하여 말씀이 신실하게 전파되고 구원의 사역이 일어나며 구제를 행하는 등 교회의 제반 활동이 행해진다는 것을 말하고 있다.

직분자들의 선출

벨기에 신앙고백서 제31장에서는 목사와 장로와 집사가 주의 택함을 입어 하나님의 말씀이 지시해주는 질서 속에서 교회의 정당한 선택에 의해 그 각자의 직무에 따라 뽑혀져야함을 강조하고 있다. 그렇기 때문에 직분자들은 '부당한 방법으로 처신할 것이 아니라, 자신이 선택됨으로 하나님을 기쁘시게 할 때까지 기다려야 한다' 고 가르친다. 그렇다. 교회의 직분을 바라는 자들은 결코 '부당한 방법으로' 처신해서는 안 된다. 오늘날 일부 직분자들이 교회 내적으로, 교단적으로 혹은 초교파적으로 종종 부당한 방법을 사용하고 있는 점들은 주 앞에 깊이 회개하고 시정하여야 할 부분임에 틀림없다. 부당한 방법에 의하여 선출되어서야 어떻게 의로운 일을 하겠는가?

직분자가 가져야할 중요한 요소

그리고 직분자가 가져야할 중요한 요소는 바로 '소명의식' 이라고 할 수 있다. 즉 이 고백서에서 말하고 있는 것처럼, "택함 받은 소명에 대해 증거를 갖고 이것이 주께로부터 받은 것임을 확신하고 명심해야" 하는 것이다. 자신에게 그러한 직무를 맡기신 것은 인간들이 아니라 '하나님' 이심을 확신할 수 있어야 한다. 그러한 확신이 있는 자들만이 자신에게 주어진 직분을 '명예직' 이 아니라 '종의 역할을 하도록 주어진 직분' 임을 깨닫게 되는 것이다. 오늘날 너무나 많은 한국 교회의 직분자들은 자신의 직을 명예직 정도로 생각하고 있으며, 또한 직분들을 수직적 계급구조(hierarchy) 정도로 생각하고 있는 듯하다. 그러한 생각은 잘못되었다. 각 직분자들의 고유의 영역이 있는 것이 사실이다. 이 고백서에서는 이 부분에 대하여 다음과 같이 언급하고 있다.

"하나님의 말씀에 따른 목사는 그가 어떤 형편에 있든지 간에 유일한 목자요 교회의 머리 되신 그리스도를 섬기는 모든 목사들과 같이 동일한 힘과 능력을 가지는 것이다. 더욱이 하나님의 거룩한 질서가 파괴되거나 경솔히 여겨지지 않도록 하기 위해 모든 사람은 하나님의 말씀을 맡은 목사와 교회의 장로들을 그 맡은 일을 위하여 높이 존경할 자로 여기고 불평과 다툼과 논쟁이 없이 가능한 한 그들과 화평을 갖도록 해야 할 것이다."

교회의 직분자들은 그리스도 안에서 자신의 직분을 명예직으로 가지고 있어서는 안된다. 직분을 주신 주님께 감사하고 서로가 존경할 바를 존경하고 따라야 할 영적 질서들을 순종하는 가운데서 연합하고 봉사해야 한다. 우리 모두가 직분을 허락하신 하나님께 대하여 감사하고 있는가? 우리 선인들이 자주 말하곤 했듯이, '나 같은 죄인을 구원해주신 것만 해도 만만 감사한데 나에게 직분을 맡기신 하나님께 얼마나 충성을 다 해야 할 것인가?' 감사하자. 그리고 충성을 다하자. 충성을 다하는 자들에게 예비된 면류관이 있다고 말씀하신다(계 2:10).

✢ 학습 문제

1. 무형교회란 무엇인가? (웨스트민스터 대교리문답 제64문 참조)

2. 유형교회 안에 있는 사람들은 다 구원받은 자라고 할 수 있는가? (웨스트민스터 대교리문답 제61문답 참조)

3. 참 교회임을 알 수 있는 기준들은 무엇인가?

4. 거짓교회가 하는 일은 무엇인가?

5. 지상 교회는 완전한가? (웨스트민스터 신앙고백서 제25장 4절 참조)

6. 이단 혹은 사이비 단체들이 기성교회를 폄하고 평가절하하는 일련의 일들은 결국 무엇에 대한 도전인가?

7. 웨스트민스터 대교리문답 제62문답에서는 그리스도와 성도의 연합에 대하여 어떻게 가르치는가?

8. 이 세상에서 성도가 그리스도와 함께 즐기는 영광 중의 교통은 무엇인가?

9. 웨스트민스터 신앙고백서 제30장 3절에서 말하고 있는 '권징의 목적'은 무엇인가?

10. 직분자는 어떻게 선출되는 것이 바람직한가? (벨기에 신앙고백서 제31장 참조)

11. 직분을 가지게 되는 자들에게 가장 중요한 것은 무엇인가?

| 제6부 |
교회와 신앙생활

 1장

성도의 의무

　교회 안에는 말없이 주님을 섬기면서 그리스도의 종의 모습을 지닌 채 성도들을 세워가는 이들이 많다. 그러한 성도들의 수고와 헌신으로 말미암아 주의 교회는 든든히 서 가는 것이다. 자신의 생활도 힘겨우면서 교회를 위하여 애쓰는 형제자매들을 볼 때 우리는 그들이 있다고 하는 사실로 인하여 얼마나 감사하게 되는가! 한 때 필자는 교회를 위하여 아낌없이 헌신하고 있던 그 집사님의 집 아이가 무릎 부분에 구멍이 난 체육복을 입고 있는 것을 본 적이 있다. 또 가난하고 힘든 성도들의 차량을 고쳐주느라고 손이 부르트고 상처를 입어야 했던 어느 백인 집사님을 알고 있다. 우리들 주변에 우리들에게 그러한 감동과 영향을 끼치고 주의 교회를 위하여 애쓰던 분들이 얼마나 많은가! 그들이 교회를 위하여 애쓰고 성도들을 돌보는 데는 그들만의 이유가 있을 것이며, 거시적인 안목에서 보면 거룩한 공회가 믿는 바를 그들도 믿고 있기 때문일 것이다.

'거룩한 공회'가 믿는 것

하이델베르크 교리문답 제54문답에서는 '거룩한 공회(The holy catholic church of Christ)에 대하여 무엇을 믿는가?' 라고 묻고 거기에 대하여 다음과 같이 답한다.

> "하나님의 아들은(엡 4:11-13, 5:26; 요 10:10; 행 20:28) 세상의 시작에서 마지막 날까지(시 71:17-18; 사 59:21; 고전 11:26) 인류 가운데서(창 26:4; 계 5:9) 선택된 사람들에게 영생을 주시기 위하여(롬 8:29; 엡 1:10-13) 그들을 불러 보호하시되(마 16:18; 요 10:28-30; 시 129:1-5) 그 성령과 말씀 안에서(사 59:21; 롬 1:16; 10:14-17) 믿음으로 하나가 되게 하여(행 2:42; 엡 4:3-5) 우리를 그 속에서 거하게 하시며(요일 3:14, 19-21; 고후 13:5), 하나님의 교회의 산 지체가 되게 하신다는 것을 믿는 바이다(시 23:6; 고전 1:8-9; 요 10:28; 요일 2:19; 벧전 1:5)."

이 문답은 비록 짧지만 '거룩한 공회'가 믿고 있는 참 신앙의 내용을 잘 요약하고 있다. 역사적 교회(historical Church)는 바로 이러한 정통 신앙을 견지하는 교회이다.

성도의 의무의 중요성

벨기에 신앙고백서 제28장은 '성도의 의무'에 대하여 말하는 가운데, 이 공회(this holy assembly and congregation)는 구원받은 자들의 모임이며, 교회를 떠나서는 구원이 없다는 점을 강조하고 있다. 사실 '교회 밖에는 구원이 없다'(extra ecclesiam nulla salus)는 확신은 초기 기독교에서부터 견지되어 온 것이다. 얼마 전 서점에 나갔다가 어린아이들을 위한 신간 코너에서 '세계 종교'에 대하여 소개하는 책을 본 적이 있다. 물론 종교다원주의적인 시각에서 서술된 것이었다. 그것은 바로 우리 기독교가 인정하지 않는바 '교회 밖에도 많은 구원이 있다'(extra ecclesiam multa salus)는 것을 대변하고 있는 책이었다. 그러나 역사적 교회는 주 예수를 구주로 믿고 구원받는 거룩한 공회 밖의 타 종교들의 구원을 인정하지 않는다.

벨기에 신앙고백서는 같은 장에서 계속하여 말하기를, 그렇기 때문에 크리스천은 그가 어떤 상태나 조건 속에 처해 있든지 간에 교회로부터 물러나서는 안 된다고 한다. 모든 성도들(all people)은 교회에 결합되고 연합되어야 하는데, 그것은 교회의 교훈과 치리에 복종하고, 그리스도의 멍에를 메고 굴복하며 하나님께서 주신 은사들을 따라 서로 서로를 세우기 위하여 섬김으로써 가능해지는 것임을 가르치고 있다. 이것이 교회에 속한 구성원의 의무들인 것이다. 참된 구성원들은 교회에 결속되어 있어야 하며, 그리스도의 교훈에 복종하면서 자신에게 주신 은사를 발휘하며 성도들을 섬기고 세워가야 하는 의무를 지니고 있는 것이다.

교회의 자화상

오늘 우리 시대의 교회들의 자화상은 어떠한가? 구원받은 하나님의 성도로서 충성을 다하는 복된 성도들이 많다. 그리스도의 종들의 종으로서 성도들을 섬기며 교회를 세워가는 겸허한 주의 종들도 많다. 그런가하면 자신의 지위와 권위를 지키기에 급급한 이들 또한 많은 것이 사실이다. 교회가 교회의 모습을 갖춰가지 못하도록 방해하는 요소들이 우리 교회들 가운데는 발견되고 있다. 이러한 현실 가운데서 우리는 한 사람의 성도로서 '거룩한 공회의 구성원' 임을 잊지 말아야 하겠다. 자신의 역할이 교회나 직분자들의 권위를 업신여기지 않는 것이어야 한다. 교회에서의 가르치는 장로나 다스리는 장로도 주 예수께서 각자에게 주신 사명을 잘 감당해가야 한다. 장로는 서로가 견제하기 위하여 존재하는 것이 아니다. 그렇게 생각한다면 그것은 장로교 제도를 크게 오해하고 있는 것이다. 가르치는 장로(teaching elder)나 치리하는 장로(ruling elder)는 그리스도 안에서 서로를 사랑하며 존중하고 기도해주고 협력하는 가운데 주의 교회를 섬겨야 할 사람들이다. 장로들이 성숙해질 때 꽃 피울 수 있는 것이 장로교 정치제도인 것이다.

우리 모두가 거룩한 공회에 속하게 되었다는 것은 얼마나 값진 축복이며 크신 은총인가! 그것은 죄인 괴수에게 임한 하나님의 놀라운 은총이 아닐 수 없다. 우리는 이 감격에 젖어 성도들을 대하고, 장로님들을 대하고, 목사님들을 대할 수 있어야 할 것이다. 그러한 감동이 사라졌다면, 그러한 위대한 축복에 대한 감사가 사라지고 없다면, 그것의 회복을 위하여 주님 앞에 고개 숙이자(시 51:12).

에베소서 2, 4장

"너희는 사도들과 선지자들의 터 위에 세우심을 입은 자라 그리스도 예수께서 친히 모퉁이 돌이 되셨느니라. 그의 안에서 건물마다 서로 연결하여 주 안에서 성전이 되어가고, 너희도 성령 안에서 하나님의 거하실 처소가 되기 위하여 예수 안에서 함께 지어져 가느니라."

에베소서 2:20-22

"오직 사랑 안에서 참된 것을 하여 범사에 그에게까지 자랄지라. 그는 머리니 곧 그리스도라. 그에게서 온 몸이 각 마디를 통하여 도움을 입음으로 연락하고 상합하여 각 지체의 분량대로 역사하여 그 몸을 자라게 하며 사랑 안에서 스스로 세우느니라."

에베소서 4:15-16

2장

성도의 교제

언젠가 걸려온 상담 전화는 몇 년이 지났지만 아직도 필자의 뇌리에 남아 있는데, 그것은 이단에 빠진 어느 청년에 관한 이야기이다. 자신의 가족으로부터 그가 몸담고 있는 것이 이단 집단이라는 말을 듣고 숱한 정보들을 제공받았음에도 불구하고 그는 '나는 그곳에서 사랑을 받고 있다'라고 말했다 한다. 참으로 마음 아픈 일이 아닐 수 없다. 기성교회가 반성해야 할 부분이 아닌가 하는 생각이 들었다. 교회 생활 속에서 같은 연령층의 성도들과 교제를 나누거나 성도의 사랑과 위로를 경험하지 못한 이가 결국 문제 해결을 이단 혹은 불건전 단체들로부터 받게 되는 것이다. 이단에 속한 이들도 그들 사이에 '친밀성'을 느낀다. 그들로부터 결속력을 확인받고, 사랑과 위로와 격려를 받는다. 그렇기 때문에 쉽사리 빠져나오지 않는 것이다. 필자는 그렇게 된 배경에 많은 요인들이 있었을 것이라는 짐작하면서도 그 가운데서도 '성도의 교제'가 없었기 때문이 아니었겠는가하고 생각해보게 되었다. 이러한 일들을 직면하면서 우리들은 사도행전 2장에 기록되어 있는 초대교회 성도들의 모습을 떠올리게 된다. 그들은 사도들의 가르침을 듣기에, 서로 교제하기에, 빵을 떼기에 그리고 열심히 기도하기에 전혀 힘썼다. 그러할 때 주님께서는 '구원받는 사람이 날마다 더하게' 하셨다. 초대교회 성도들이 열심히 실천하던 것 중에 '성도의 교제'를 잊지 않았던 것처럼 오늘날과 개인주의적 사고가 팽배해있는 이때에 우리들도 그것을 회복할 수 있어야 하겠다.

성도의 교제란?

웨스트민스터 신앙고백서 제26장 1절의 후반부에는 성도의 교제에 관하여 다음과 같이 제시하고 있다.

> "성도들은 사랑으로 상호 간에 연합되어 피차 받은 은사와 은혜로 교통하며 (엡 4:15-16; 요 1:3,7) 속사람과 겉사람에 있어서 그들 상호의 유익에 이바지하는 의무를 수행할 본분을 갖는다(살전 5:11, 14; 갈 6:10; 요일 3:16-18)."

여기에서 중요하게 취급되고 있는 표현은 무엇인가? 그것은 '사랑 안에서 서로 서로 연결된다'(being united to one another in love)는 것이다. 이것은 성결하고 타인지향주의적인 크리스천의 사랑을 의미하는 것이 분명할 것이다. 성령의 역사하심 가운데 하나님의 사랑(agape)으로 가득 쏟아 부음을 받은(롬 5:5) 성도들이 서로를 격려하며 배려하며 사랑하는 것이라고 할 수 있을 것이다. 성도들 간의 교제라는 것은 바로 그러한 아가페적인 사랑 위에 기초한 것이었으며, 그들 각자에게 주신 은사와 은혜 안에서 (in each other's gifts and graces) 교통했던 것이다. 그런데 그 교제라는 것은 공사 간에 그들 상호간에 선을 위한 의무들을 잘 감당해야 할 것도 포함하고 있는 것이다. 다음으로 제26장 2절에서는 성도의 교제를 좀 더 상술하고 있다.

> "성도들은 그들의 신앙고백에 의해 하나님께 예배함에 있어서나 성도 상호간의 덕을 세우는데 이바지하는 영적 봉사를 수행함에 있어서(히 10:24-25; 행 2:42, 46; 고전 11:20) 서로 거룩한 교제를 해야 한다. 물질적으로 어려움을 돕는 일에 있어서도 각자의 능력과 필요에 따라 서로 도와야 한다. 이러한 거래는 하나님이 기회를 제공하여 주시는 대로 각처에서 주 예수의 이름을 부르는 모든 사람들에게로 고루 미쳐야 한다(요일 3:17; 행 11:29-30; 고후 8:9)."

이상의 내용에서 우선적으로 언급하고 있는 것은 성도의 교제란 '하나님을 예배하는 것 안에서' 행해지는 것이라는 것이다. 성도의 교제란 단순한 친교가 아닌 영적 봉사들을 함께 해감으로써 가질 수 있는 교제임을 지적하고 있다. 그러면서도 동시에 물질적 어려움을 돕는 행위들까지도 이 교제에 포함시키고 있음을 유의해야 하겠다. 오늘날 교회들마다 구제부가 설치되어 있어서 생활이 힘든 성도들을 돕고 있는 것은 참으로 귀한 일이다. 그것은 우리의 선인들이 계속하여 오던 일이다. 이 아름다운 미덕을 통하여 주와 함께 교통하는 성도들이 상호간 교제를 지속해가는 것이다. 그러나 그렇다고 해서, 기독교인들의 물질적 도움을 통한 교제는 한계를 정해놓고 있다. 교회가 성도를 돕거나, 성도들이 성도들을 도울 때 가지고 있어야 할 기본 전제는 무엇인가? 3절 후반부에는 다음과 같이 말하고 있다. "성도로서의 상호교제는 각 사람이 가지고 있는 자기의 재산과 소유권을 서로 빼앗거나 침해하는 것이 아니다(행 5:4)." 곤경에 처한 성도는 교회를 향하여 그리고 다른 성도를 향하여 자기주장적인 태도를 가지지 않아야 한다. 성도들이 가지고 있는 각각의 재산과 소유권은 절대로 침해되어서는 안 된다고 지적하고 있다.

성도의 교제의 회복

그러므로 교회는 교회대로, 성도는 성도대로 '거룩한 성도의 교제'를 회복하기 위하여 애써야 하겠다. 바울 사도는 고린도에 있는 성도들에게 편지하기를, '우리의 마음이 넓어졌으니, 너희도 좁아진 너희의 마음을 넓히라'고 했다. 우리의 마음은 우리 자신의 연약과 상처입음으로 인하여 좁아지기('스테노코레오' stenokoreo: 좁은 장소에 처하다, 괴롭히다) 쉽다. 그럴 때에라도 우리는 주 예수 그리스도를 머리로 하는 동일한 몸의 지체들이 되었음을 다시금 확신하고, 형제자매들을 향하여 마음을 넓히고('플라튀노' plateuno: 확대하다, 확장하다, 관대하게 하다) 그들에게 다가가서 교제를 회복하고 증대시켜야 하겠다. 우리 자신들이 이 부분에 있어서도 잘 감당한다면, 주님께서는 우리의 교제들을 통하여 개인과 교회와 기독교계가 더욱 연합되게 결속시켜 가시면서 영광을 받으실 것이다.

> **요한일서 5장**
>
> "예수께서 그리스도이심을 믿는 자마다 하나님께로서 난 자니 또한 내신 이를 사랑하는 자마다 그에게 난 자를 사랑하느니라."
>
> 요한일서 5:1

3장

양자됨

　오래 전 신학교 건물이 부산 송도 복음병원 옆에 있을 때 어느 채플 시간을 통하여 필자는 어느 은사님으로부터 아직도 인상 깊게 간직하고 있는 한 편의 설교를 들은 적이 있다. 아마도 그때는 고난주간이었던 것으로 기억한다. 그분의 설교 요지는 예수님께서는 십자가의 그 극렬한 고통 가운데서도 가족 개념을 확장하셨다는 것이었다. 즉 예수님께서는 그의 어머니를 향하여 "보소서 (당신의) 아들이니 이다"라고 말씀하셨으며, 그 옆에 있는 그의 사랑하시던 제자에게는 "보라 네 어머니라"고 말씀하심으로써 고상하고도 차원 높은 기독교적인 가족개념을 말씀하셨다는 것이었다. 과연 그런 것 같다. 우리는 별개의 개별적 존재로서 각자 자신의 가족을 구성하고 있지만, 신앙으로 그 지평을 넓혀 보면 그리스도를 한 주로 섬기는 이들을 부형모매로 받아들일 수 있는 것이다.

거룩한 한 가족

오늘날 세속적인 문화에 길들여져 있는 우리는 동일한 크리스천들을 전적인 타인으로만 쳐다보는 경향이 있다. 우리들 자체의 편견과 자만과 전이해들로 인하여 다른 교회 교인들과도 친근하게 지내지 못하고 심지어는 동일한 교회에 출석하는 성도들조차 거룩한 영적인 가족이라기보다는 거저 저기 저곳에 떨어져 있는 타인으로 여기곤 하는 것이다. 그런가 하면 다른 교회에 출석하는 신자들은 자신들과는 이질적인 어떤 공동체의 일원이라고 생각하는 경향이 있는 듯하다. 이러한 현상은 바로 개 교회적이며 개 교파주의의 부정적 산물일 수 있다. 그러나 우리가 성경을 통하여 우리 자신이 하나님에 의하여 '양자'(입양)가 되었다는 사실과 그로 인하여 수많은 은혜와 복을 받았다는 사실을 재인식하게 될 때 우리들은 편협된 시각에서 벗어나서 예수 믿는 성도들을 거룩한 가족이라고 하는 시각을 가지지 않을 수 없게 된다.

양자됨의 의미와 특권

그러면 성경과 신앙고백서들은 '양자' 됨에 대하여 어떻게 가르치는가? 웨스트민스터 신앙고백서 제12장에서는 하나님께서는 그의 독생자 예수 그리스도 안에서 의롭다 함을 입은 모든 자들을 그를 위하여 양자되는 은혜에 참여하는 자들로 만들어 주신다고 하면서(엡 1:5; 갈 4:4-5) 다음과 같이 서술하고 있다.

"즉 양자됨에 의해 그들은 하나님의 자녀들의 수에 들어가고 그 자유와 특권을 누리며(요 1:12; 롬 8:17), 하나님의 이름을 그들 위에 붙이며(계 3:12), 양자의 영을 받고(롬 8:15; 갈 4:6), 담대히 은혜의 보좌에 나아가며(엡 3:12; 히 4:16; 롬 5:2), 아바 아버지라 부를 수 있게 되고(갈 4:6), 불쌍히 여김을 받으며(시 103:13), 보호함을 입으며(잠 14:26; 시 27:1-3), 필요한 것을 공급받으며(마 6:30, 32; 벧전 5:7) 아버지로서 내리시는 징계를 받으나(히 12:6) 결코 버림을 당하지 않고(애 3:31; 히 13:5), 구속의 날까지 인침을 받으며(엡 4:30), 또 영원한 구원의 후사로서(벧전 1:4) 모든 약속을 물려받는다(히 6:12)."

그렇다! 죄와 악과 불의와 모든 추함으로 가득 찬 죄인들을 하나님께서는 고아와 같이 버려두지 않으시고 양자의 영(롬 8:15) 즉 아들의 영(갈 4:6)을 주시고 하나님을 '아바 아버지'라고 부를 수 있게 하셨다. 이것은 얼마나 위대한 선물이며 은총인가! '아바 아버지'라는 말은 너무나도 친밀한 단어가 아닐 수 없다. 그것은 격식을 갖춘 표현이라기보다는 애정이 듬뿍 담긴 문구임에 틀림없다. 안디옥의 요한 크리소스톰과 6세기경의 교회사가였던 테오도루스 렉토르 그리고 448년경의 교회사 저술가였던 데오도레투스 등에 의하면, 어린 아이들이 종종 그들의 아버지들(their fathers)을 '아바'(Abba)라고 부르곤 했다(TDNT, vol.1). 그렇다 우리는 마치 어린아이들이 자신의 아빠들을 부르듯이 하나님을 아버지라고 부르는 것이다. 하나님에 성령에 의하여 하나님의 거룩한 가족으로 부름을 받은 모든 성도들은 그분을 '아바 아버지'라고 부른다. 그리고 그리스도 안에서 성령에 의하여 그렇게 부르는 모든 이들은 서로를 향하여 형제요 자매로 여기는 것이다.

그러므로 우리들은 조금 더 소박해질 필요가 있다. 하나님 아버지를 친밀하고 애정 깊게 부름과 동시에 우리 주변에 있는 신자들을 그들의 교파와 교단을 초월하여 형제자매로 맞이하고 대해 줄 필요가 있다. 후기근대사회의 다소 무미건조한 삶의 분위기 속에서 우리는 그리스도의 사랑으로 형제자매들을 대하는 것이 요구된다. 우리의 가족개념의 지평을 하나님의 구속의 은총 가운데서 무한대로 확장시켜 가자. 그러한 의미에서 다음의 복음송 가사는 우리에게 시사하는 바가 크다고 본다.

"우리 함께 걸어요. 주의 인도하심 따라 손을 잡고 하나가 되어요. 주의 사랑 우리 안에 있네. 우리 서로 섬기며 주의 사랑 나눌 때 모든 사람 다 알게 되리라 우리 주의 가족임을. 우린 주 안의 한 가족 주 우릴 하나 되게 했네. 주의 사랑 나누며 서로 섬길 때 주의 나라 이뤄지리."

 4장

전도명령과 문화명령

　우리가 살아가다 보면 잘못된 이원론적 생각을 가진 사람들을 종종 만나 볼 수 있다. 이들은 "세상에서는 마귀가 우리 영혼을 죽입니다. 오직 성전에 거할 때 하나님께서 우리의 영혼을 책임져주시고 보호해 주실 수 있다는 것입니다."라고 말한다. 또 어떤 이설 주장자는 '이 땅 즉 우주를 마귀가 갇혀 있는 음부' 라고 한 적이 있는데 그에 의하면 이 음부를 하나님께서 창조하셨다고 했다. 즉 그는 하나님의 선하시며 온전하신 창조를 부인하기까지 했다. 이러한 주장들은 철저한 이원론적 사고방식이다. 이러한 생각은 건전하다고 할 수 없다. 이러한 주장에 따라 살려고 하면 사회생활과 일체의 문화적 사명은 감당할 수 없고 다만 교회당 안에서만 살아야 한다는 결론이 나온다.

하나님이 주신 두 가지 명령

하나님은 전지전능하시며 무소부재하신 분이시다. 하나님은 아니 계신 곳이 없으시다. 바다 끝에 갈지라도 거기도 계시는 분이시다. 게다가 하나님은 신자들에게 이 세상 속에서 빛처럼 소금처럼 살라고 하시고, 이 세상에서 문화적 사명을 수행하라고 명하신 것을 기억할 때에 우리는 그러한 생각에 동의할 수 없다. 우리는 하나님께서 전도하라고 한 명령만 주신 것이 아니라 동시에 '문화 명령'을 주셨다는 사실을 알아야 한다. 하나님은 성도들에게 크게 두 가지의 대 사명 즉 명령을 주셨다. 그것은 창1:27-28절에서 요구하고 있는 '문화명령'(文化命令, Cultural Mandate)과 마 28장에 기록되어 있는 '전도명령'(傳道命令, The Great Commission)이다. 이 두 가지의 명령을 조화롭게 수행해 가야 할 사명이 성도들에게 주어져 있다.

명령의 균형 있는 수행

한국교회의 경우만 하더라도 중령생활이라고 하는 명목 하에 전도지상주의적 이해에만 치중해 있는 듯하다. 물론 우리는 전도에 초점을 맞추어야 한다. 그럼에도 불구하고 이 세계 문화 속에 존재하는 크리스천은 우리 존재의 환경인 이 문화를 개혁하고 변혁해가는 작업을 하지 않으면 안 되는 것이다. 한 때 모 단체에 대한 연구를 함에 있어서 고려신학대학원 교수회에서는 다음과 같은 부분을 언급한 바 있다.

"전도에 대한 그의 이해는 다분히 편향적이다. 그는 오로지 전도라는 하나의 각도에서만 성경을 해석하기 때문에, 치우친 '축소복음주의' 또는 '전도획일주의'로 빠지고 말았다. 결과적으로 복음이 성도들에게 주는 더 많은 은혜와 유익들을 바로 부각시키지 못하고 있다. 그러나 예수님과 사도들이 제시하고 종교개혁자들이 강조한 복음운동은 단지 '일차적 전도'로만 끝나는 것이 아니라, '예수님께서 명하신 모든 것'을 가르쳐 지키게 하는 '총체적인 복음운동'이다. 이에는 일차적인 전도뿐만 아니라, 그리스도인의 윤리와 성화, 이 세상에서의 '빛과 소금'으로서의 삶이 포함된다."

교수회의의 이 연구서에서 우리는 상당히 균형 잡힌 시각을 엿볼 수 있다. 기독교라고 하는 것은 복음전도(지상명령) 과업과 동시에 그리스도인의 삶 전체에서 빛과 소금으로 살아가는 것까지를 포함하고 있다. 그것은 곧 문화적 사명과 연결된 설명이라고 할 수 있다. 오늘날까지 많은 이들이 기독교의 문화적 과업수행에 대하여 신학적이며 이론적인 견해들을 제시했지만, 실제적으로 우리 한국 사회에서 기독교 문화가 꽃 피울 날은 아직 멀었다는 생각이 든다.

한국의 사회와 문화 속에서 기독교 정신에 근거한 문화작업이 가능하도록 하기 위해서는 그러한 마인드를 갖춘 이들이 많이 나와야 한다. 단순하게 기독교 종교를 신앙으로 가지고 있는 이들이 아닌 '신앙심 깊은 헌신적인 문화사역자들'(교수, 각 영역의 전문가들, 그리고 동참자들)이 많이 나와야 한다. 그러나 현실을 둘러 볼 때에 전문가들의 활동이란 전문가들만의 모임과 활동으로 끝나는 듯하다. 기독교 문화를 꽃 피우기 위해서는 전통문화(동서양의 고전들을 섭렵을 통한)를 섭렵해야 하고, 그 위에서 기독교적인 조망에 기초하여 실제적인 작업에 임하여야 한다. 그리고 그것을 다수의 기독교인들과 '공유'(公有)할 때에 기독교 문화가 확산되는 것이다. 주님께서는 그만한 자질을 갖춘 상태에 있는 전문가들의 '확산과 발전을 위한 노력들'을 기대하고 계신다고 생각한다.

그러므로 우리들은 삶 속에서 소금과 빛의 역할을 감당하면서 복음 전도를 위하여 나와 내 가족이 직간접적으로 쓰임 받도록 노력하자. 그리고 기독교 문화를 즐기면서 기독교 문화적 과업 수행을 위하여 전문가들을 지원하고, 그 확산을 위하여 투자하자. 크리스천은 목적을 지니고 있는 존재들이다. 자신의 안일한 삶 속에 정주하고 있다면 그러한 삶의 태도는 주님의 나라의 대의를 위하여서는 결코 생산적인 일을 해 낼 수 없다. 그러므로 우리들은 두 가지 명령을 동시에 순종하는 태도를 지녀야 할 것이다.

 5장

주일과 안식일

 "하나님께서는 십계명을 통하여 안식일(토요일)을 거룩하게 지키라고 했는데, 왜 교회는 인위적인 일요일을 지키나요?" 이러한 질문은 안식교도들 혹은 안식교 영향을 받은 대부분의 이단들이 질문해오는 부분이다. 안식교(제칠일안식일예수재림교회, Seventh-day Adventists)의 엘렌 지 화이트(Ellen G. White)는 그녀의 책 『대쟁투』(Great Controversy)에서 말하기를, "마지막 날에 안식일 시험이 명백해질 것이다. 그 때가 되면 안식일을 지키지 않는 자는 누구든지 짐승의 표를 받을 것이며 하늘나라에 못 들어가게 될 것"이라고 했다. 그 외에도 그들은 성경에도 있지 않은 조사심판교리를 가지고 있기도 하다. 그러한 일련의 요소들 때문에 장로교단들이 여러 부류로 나눠지기 이전 하나의 장로교였을 때 즉 예장총회(1915년 4회) 시에도 규정되었고 1994년 예장 통합측 제80회 총회에 의해서도 재규정된 바 있다. 그 가운데서도 '토요일 안식일 준수'는 그들의 핵심적인 가르침이라고 할 수 있는데, 그들은 말하기를 A. D. 321년 콘스탄틴 대제가 안식일 칙령(the Constantine legislation)을 내려 주일을 지키도록 하기 전에는 개신교 안에 일요일인 주일을 예배일로 지킨 적이 없다고 비판을 가해왔다(알론조 제이 워너, 『성서기초교리』, 안식교 한국연합회, 1975, p. 134). 그러나 성경과 교회 역사의 초기 기록들은 321년 훨씬 이전부터 주일을 지켰던 기록을 찾아 볼 수 있는 것이다.

구약시대의 안식일

그러면 신앙고백서에서는 이 주제에 대하여 어떻게 가르치고 있는가? 웨스트민스터 신앙고백서 제21장에서는 '종교적 예배와 안식일'에 관하여 설명하고 있는데, 특히 7절은 다음과 같이 기록하고 있다.

> "일반적으로 적당한 시간의 일부분을 하나님께 예배하기 위하여 성별하는 것은 자연의 법칙에 합당한 것이다. 그러므로 하나님은 그의 말씀에서 모든 시대의 모든 사람들에게 적극적이고 도덕적이고 영구적인 명령에 의하여 특별히 칠일 중 하루는 안식일로 정하시어 하나님께 거룩히 지키게 하셨다(출 20:8-11; 사 52:2, 4, 6)."

물론 지금까지 말한 일주일 중의 하루는 안식일이란 토요일을 의미한다.

신약시대의 주일

그러나 그리스도의 부활 이후부터는 주일로 바뀌었다. 웨스트민스터 고백서는 계속하여 다음과 같이 가르친다.

"이 안식일은 창세부터 그리스도의 부활까지는 일주일간의 마지막 날이었으나, 그리스도의 부활 후부터 일주일간의 첫날로 바뀌었으니 성경에서는 주의 날이라고 칭한다. 이 날은 그리스도교의 안식일로 이 세상 끝까지 계속되어야 할 것이다(고전 16:1-2; 행 20:7)."

그렇다. 토요일에서 일요일(主日, Lord's Day)로 예배일이 변경된 것은 역사의 대전환점이자 위대한 카이로스(kairos)적 사건이었던 '그리스도의 부활'에 있다. 구약에서부터 진전되어온 계시는 그리스도의 십자가와 부활 사건에 와서 선명해진 것이다. 계시의 명료성이 가장 잘 나타난 그리스도의 십자가 지심에 이은 부활이 안식 후 첫날 즉 주일인 일요일에 있었던 것이 바로 오늘 우리가 예배일을 주일로 지키는 가장 중요한 이유이다. 그러한 측면에서 칼빈 선생도 주일을 안식일에 대한 대체일로 간주했던 아퀴나스(Thomas Aquinas)의 스콜라주의적 견해를 배격했으며, 『기독교강요』에서는 안식일은 그리스도 안에서 성취되었음을 강조한 것이다.

주일(일요일) 예배와 안식의 근거

성경 기록 외에도 교회 역사적 기록들은 주일에 예배하거나 회집을 가졌다는 것을 증명해주고 있는데, 그 대표적인 것이 익나티우스의 「마그네시아인들에게 보낸 편지」(Letter to the Magnesians, 주후 약 107년 경)에서 주의 날을 지키는 새로운 소망에 이르게 된 것을 언급하고 있는데, 그 내용은 다음과 같다.

"그러므로 만일 옛 관습들 가운데 행하던 자들이 소망의 새로움으로 나아온다면, 그들은 더 이상 안식일을 지키지 않고 오히려 그(예수)와 그의 죽음을 통해 우리의 생명이 솟아나는 날인 주의 날을 좇아 산다."

그 밖에도 「디다케」(12사도 교훈집, 1세기 말 ~ 2세기 초엽)와 「바나바서신」 15장(주후 100-132년 경) 그리고 저스틴 마터의 「첫 번째 변증서」(주후 약 155년 경) 등에서 주의 날 즉 일요일에 예배했던 초대교회의 모습을 시사해준다.

안식교나 안식교 계통의 이단 단체들이 토요일 안식일을 고집하지만, 그것은 성경 말씀의 기록들과 교회사 속에서 간섭해 오신 하나님의 섭리의 결과를 무시한 처사이다. 그리고 우리 믿음의 선인이 성경 말씀에 근거하여 정립해놓은 신앙고백서들과 교리문답서들의 가르침에 의하여도 도전받는 것이다. 그러므로 우리들은 토요일과 일요일 개념을 명확하게 하여야 하겠고, 이단사이비단체들이 일요일(주일) 예배 공격을 해오더라도 성도들에게 올바른 견해를 가르쳐야 하겠다. 우리에게 주일의 복을 허락해 주신 하나님께 감사드리고, 주일에 하여야 할 일들을 하면서 복과 은혜를 누리는 성도들이 되어야 할 것이다.

주일을 지키는 방법

그렇다면 주일을 어떻게 지켜야 하는가? 이 질문에 관하여 웨스트민스터 신앙고백서 제21장 '종교적 예배와 안식일에 관하여' 8절에서는 이 질문에 대하여 다음과 같이 가르치고 있다.

"이 안식일은 먼저 사람들이 자기의 마음을 잘 준비하고 그들의 일상의 요구를 미리 정돈한 후에 그들의 세속적 직업과 오락에 대한 자신의 일과 말과 생각으로부터 떠나서 종일 거룩한 휴식을 지켜야 한다(출 16:23, 25-26, 29-30, 31:15-16; 사 58:13). 뿐만 아니라 하나님께 예배하는 공사적인 행사에 참여하며 부득이한 의무 수행과 자선 행위에만 시간을 바쳐야 한다(사 58:13; 마 12:1-13)."

웨스트민스터 대교리문답 제117문에서도, 웨스트민스터 소교리문답 제60문에서도 동일한 의미로 서술하고 있다.

적극적인 의미의 주일 성수

이 고백서에서 제시하고 있는 것처럼 우리는 주일에 예배하여야 한다. 최근 필자는 호남지방 교회들을 방문하며 강의하면서 어느 교회에서는 성도들이 예배를 통하여 하나님께만 영광을 돌리고 있다는 것을 체험할 수 있었고 은혜를 받은 적이 있다. 현대를 살아가는 우리들, 특히 주5일제 문제로 다양한 견해가 등장하고 있으며 주일을 지키고 있는 성도들의 습관에도 변화가 오기도 하지만, 결코 우리가 망각하지 말아야 할 사실은 주의 날에는 예배하고 찬양하며 보내야 하며, 오락을 금하면서도, 주님의 위하여 더 적극적으로 '할 수 있는 일들'을 개발하여 가야 한다고 생각한다. 그리스도 안에서 성도간의 교제를 나누고 전도하는데도 시간을 보낼 수 있을 것이다. 그리고 위 고백서에서 말하고 있는 것처럼 자선행위도 할 수 있을 것이다. 주일에 어느 교회는 연로한 분들을 교회로 초대하여 머리를 손질해드리고 있는 것을 목격한 바 있다. 교회는 그리스도의 사랑을 전달할 수 있는 많은 선행을 주일에 베풀 수 있다.

그동안 우리 교회들은 '주일에는 어떤 일들을 하면 안 된다'는 것에 많이 강조해 온 것 같다. 그러나 이제는 주일성수를 소중하게 여기는 정신 위에서 '주일에 할 수 있는 일들을 더 많이' 개발해가고 실천할 수 있어야 할 것이다. 포스트 마던 시대에 신앙을 지키기란 쉽지 않고 게다가 예전에 비하여 주일성수 개념이 느슨해져 있는 현실 속에서 우리는 더욱 기도하면서 주님의 지혜를 구하는 가운데 주일을 성수해야 할 것이다. 주일은 단순히 어떤 일들을 하지 않는 것이 아니라, 예배드리고 찬양하며 더 많을 선행을 실천할 수 있는 거룩한 날로 자리 잡아야 할 것이다. 현대사회의 불신앙적인 조류들과 제도들로 인하여 주일성수가 위협을 당한다 할지라도 주를 경외하는 성도들은 우리 주님께서 다시 오시는 날까지 변함없이 주일을 성수하는 복과 은혜를 누려야 할 것이다.

> **로마서 12장**
>
> "그러므로 형제들아 내가 하나님의 모든 자비하심으로 너희를 권하노니 너희 몸을 하나님이 기뻐하시는 거룩한 산제사로 드리라 이는 너희의 드릴 영적 예배니라."
>
> 로마서 12:1

✤ 학습 문제

1. 우리는 거룩한 공회에 대하여 무엇을 믿는가? (하이델베르크 교리문답 제54문답 참조)

2. 타 종교에도 구원이 있을 수 있다고 하는 종교 다원주의적 주장들에 대하여 어떻게 생각하는가?

3. 성도간의 교제에 대하여 어떻게 해야 하는가? (웨스트민스터 신앙고백서 제26장 1-2절 참조)

4. 양자됨이란 무엇인가? (웨스트민스터 신앙고백서 제12장 참조)

5. 한국 교회에 팽배한 대표적인 이원론적 사고방식의 한 예를 제시해보라.

6. 나는 복음전도 명령을 위하여 어떻게 기여하고 있는가?

7. 주일에 예배하거나 회집을 가졌다는 것을 증명해주고 있는 초기 교회사적인 자료들을 제시하라.

8. 익나티우스의 「마그네시아인들에게 보낸 편지」는 주일에 대하여 어떻게 설명하고 있는가?

9. 우리는 주일을 어떻게 지켜야 하는가? 적극적인 의미에서의 주일성수 방법을 다섯 가지 이상 제시해 보라.

| 제7부 |

종말론

 1장

죽은 후의 상태

 "사랑하는 키리아쿠스, 내 다정한 아들에게, 네가 성령 안에서 생명을 누리기를 기원한다." "예수, 그리스도, 하나님의 아들, 구세주. 4년 5개월 26일을 살다간 착하고 순수한 아들을 목자께 위탁합니다. 아이의 부모 바탈리스와 마르켈리나" "레기나, 네가 주 예수 안에서 살기를 바란다." "61년 6개월 10일을 살다 간 선량하고 다정한 나의 남편 카스토리누스에게, 그의 아내가 이것을 만들다. 하나님 안에서 사시기를!"

 이상의 사랑에 가득차면서도 애절한 표현들은 성도들이 그들보다 먼저 주님께로 간 사랑하는 가족들을 위하여 카타콤(Catacombs)의 비명들에 새겨놓은 글귀들이다. 우리가 아는 바와 같이 카타콤들(예를 들어 도미틸라,

칼리스토, 세바스티안 등등)에서 초기 기독교인들의 소박한 신앙고백이 담겨져 있는 상징들이 많이 발견되었다. 그 모든 것들이 말하고 있는 것들은 예수 그리스도의 구원과 그 구원의 확실성, 하나님께 대한 간구, 예수 그리스도의 십자가를 중심한 가족의 인연 등등이다.

그것이 아름답고 충실한 삶이었든지 혹은 비애와 고통으로 점철된 파란만장한 것이었든지 간에 한 인간의 생애는 마감할 순간이 다가오는 것이다. 고사리같이 예쁜 손을 가진 아이들도 어느새 소년소녀가 되고 그들은 세월이 흘러 나이가 들고 늙어가는 것이다. 우리 자녀들은 빨리 장성해주기를 바라지만 우리의 부모님들은 더 이상 늙지 않으셨으면 하는 것이 우리 모두의 심정일 것이다. 그러나 박윤선 박사의 가르침처럼, 인생 문제에 있어서 죽음 문제는 무엇보다도 중대하다. 모든 사람들은 죽기를 원치 않는다. 그렇지만 죽음은 누구에게나 찾아온다.

죽음의 이유

그러면 인간의 죽음에 대하여 성경에는 어떻게 가르치고 있으며, 우리 믿음의 선인들은 이 문제를 어떻게 이해하였는가? 웨스트민스터 대교리문답 제84문은 모든 사람이 다 죽을 것인가라고 묻고 그에 대하여 답하기를, "사망은 죄 값으로 온 것으로 한 번 죽는 것은 모든 사람에게 정하신 것이니 모든 사람이 범죄하였기 때문(롬 5:12, 6:23; 히 9:27)"이라고 설명한다. 인간의 범죄로 말미암아 인간은 죽음에 이르지 않을 수 없는 존재가 되었음을 가르치고 있다. 인간의 죽음의 문제는 곧 '죄'의 문제에서 기인한 것이다. 하나님의 말씀에 대한 불순종의 결과였다.

사후에 일어날 일

그러면 인간이 죽으면 어떻게 되는가? 어두컴컴한 구렁텅이에 빠지게 되는 것일까? 죽은 후에는 무(無)로 전락해 버리게 되는 것일까? 무의식 속에서 모든 것들을 망각하며 지내게 될 것인가? 우리가 죽은 직후에 우리는 어떻게 될 것인지에 대하여 알고 확신을 가지고 있는 것은 대단히 중요하다. 웨스트민스터 신앙고백서 제32장은 이러한 결정적인 질문들에 대하여 다음과 같이 가르치고 있다.

> "사람들의 육체는 죽은 후 흙으로 돌아가 썩게 되나(창 3:19; 행 13:36) 그들의 영혼은(죽지도 않고 잠자지도 않으며, which neither die nor sleep) 불멸의 본질을 가져서 그것을 주신 하나님께로 즉시 돌아간다(눅 23:43; 빌 1:23; 고후 5:6-8)."

이 구절은 무엇보다도 먼저 사람이 죽을 때 그 육체는 '흙으로 돌아가 썩게 된다' 고 가르친다. 그렇다. 우리의 육신이 죽은 이후에는 아름다운 혹은 평범한 관 안에서 한 줌 흙으로 돌아가게 된다.

그와 동시에 이 구절이 가르치고 있는 바는 아주 고무적이다. 예수 그리스도를 믿는 신자의 영혼은 '죽을 때에 온전히 거룩해져서 지극히 높은 하늘로 영접되어 빛과 영광 가운데서 하나님의 낯을 뵙는다' 고 서술하고 있기 때문이다. 이 얼마나 고무적이고 희망에 찬 메시지인가! 신자의 영혼은 죽음으로써 무(無)의 상태로 떨어져 버리는 게 아니라 지극히 높은 하늘로 영접되어 빛과 영광 속에서 '하나님의 낯' 을 뵙게 될 것이라고 한다. 즉 우리 영혼은 소멸되는 것이 아니라 죽거나 잠자는 것이 아닌 상태에서 하나님을 뵙고 의식을 지닌 상태로 있게 될 것이라고 가르치고 있는 것이다.

사후 영혼에 관한 잘못된 사상

그러므로 우리는 영혼이 잠자고 있다고 주장하는 영혼수면설(psychopannychy)이나 사후에 영혼은 소멸하여 없어진다고 하는 영혼 멸절(annihilation) 같은 그릇된 견해들을 배격한다. 루터(Martin Luther)는 중간 상태를 수면의 경험과 같다고 가르쳤지만, 칼빈(John Calvin) 선생은 의식 없이 잠잔다는 견해를 반대하고, 죽은 의인들의 영혼이 살아서 조용한 휴식을 즐기고 있으며(are now living, and enjoy quiet repose) 그들의 더없는 행복과 위로의 완성은(the whole of their felicity and consolation) 부활 시에 있을 것으로 묘사했다(고전 15:18절에 대한 칼빈의 해석 참조). 이근삼 박사도 칼빈의 견해를 견지하면서 의인의 영혼은 존재의 의식 상태에 들어간다는 말로서 서술하고, 즉 의인의 중간상태는 의식적 상태(a conscious state)라고 가르쳤다.

오늘날 보편적인 인간들에게 있어서의 주된 관심사는 평온하고 풍요롭고 건강한 소위 웰빙(well-being)적인 삶이라고 할 수 있을 것이다. 그러나 그것이 그렇든 혹은 그렇지 못하든 간에 이 모든 것들이 지나간 후에는 죽음의 문제가 다가오며 우리는 그 문제를 피할 수 없다. 그러므로 우리는 죽음의 문제와 관련하여 선명한 신앙적 견해와 확신을 가지고 생활해야 한다. 즉 웰다잉(well-dying)에 대한 성경적인 기초 위에서 우리의 삶은 더욱 풍요로워질 수 있고 견고해 질 수 있으며, 그리스도를 위하여 더욱 간절한 믿음과 열망으로써 헌신할 수 있게 된다.

 2장

예수님의 재림 양상

예수님은 육신적으로 부활하신 것이 아니고 영으로 부활하셨으며, 마찬가지로 예수님의 재림은 육적인 것이 아니고 영적인 것이라고 주장한 이단이 있다. 그들은 예수님이 1874년에 불가시적으로 이미 오셨다고 주장한다. 또 어떤 이단은 다음과 같이 주장한다.

"오늘날 기독교는 하늘만 쳐다보면서 문자 그대로 주님이 구름 타고 공중 재림할 것을 철통같이 믿고 기다리고 있다. 그러나 여기서 '공중에서 나타난다'는 말은 지구 공중 곧 땅 위에 나타난다는 것이다. 즉 재림주로 땅에 나타나서 역사를 이루어 나간다는 것이다."

그런가하면 재림의 실상은 육체적인 예수 재림이 아니요, 진리의 성령을 받은 또 다른 보혜사의 출현이라고 주장하는 이도 있다. 한국의 어떤 이들은 '초림주는 서방에서 나고 재림주는 동방에서 난다'는 식의 논리를 전개하면서 점점 자신들을 교주로 부각시키곤 했다. 또 일부 자유주의 신학자들은 예수님의 부활은 물론 재림까지도 실존주의적으로 해석해버리기도 한다.

예수님의 '가시적' 재림

모든 거짓된 이단·사이비단체들의 사상들과 자유주의 신학적 조류들에도 불구하고 역사적 교회(歷史的 敎會, historical Church) 즉 정통 기독교(正統 基督敎, Orthodox Christianity)는 예수 그리스도의 재림을 성경 말씀에서 가르치고 있는 그대로 믿는다. 행 1:9-11절에서는 우리 주 예수께서 오실 때의 모습에 대하여 "갈릴리 사람들아 어찌하여 서서 하늘을 쳐다보느냐 너희 가운데서 하늘로 올리우신 이 예수는 하늘로 가심을 본 그대로 오시리라"고 말씀하신다. 기독교에 있어서 '재림'이 없다면 기독교 신앙은 더 이상 존립할 수 없을 것이다. 저명한 신학자 루이스 벌코프(Louis Berkhof)는 그의 책 『조직신학』(Systematic Theology)에서 예수님께서 재림하실 때의 양상들에 대하여 설명하기를, 그것은 인격적 강림(personal coming, 행 1:10)이며, 육체적 강림(physical coming, 행 1:11; 3:20-21; 히 9:28; 계 1:7)이자, 가시적 강림(visible coming, 마 24:30; 26:64; 막 13:26; 눅 21:27; 행 1:11; 골 3:4; 딛 2:13; 히 9:28; 계 1:7)이 될 것이라고 하였다. 그리고 재림은 갑작스러운 강림(sudden coming, 마 24:37-44; 25:1-2; 막 13:33-37; 살전 5:2-3; 계 3:3, 16:15)이면서도 영광스럽고 승리에 찬 강림(glorious and triumphant coming, 히 9:28; 마 24:30; 살전 4:16; 고전 15:25; 계 19:11-16)이 될 것이라고 성경에 근거하여 상술하고 있다.

예수님의 재림 때 일어날 일

신앙고백서들은 예수 그리스도의 재림에 대하여 어떻게 가르치고 있는가? 벨기에 신앙고백서(Belgic Confession) 제37장에서는 마지막 때의 심판에 대하여 논하고 있는데, 심판 직전에 주님께서 재림하실 양상에 대하여 다음과 같이 언급하고 있다.

> "끝으로 우리는 하나님의 말씀에 따라 주께서 약속하신 때(이것은 어떤 피조물도 알 수 없는데)가 이르고 구원받은 수가 차게 되면, 우리의 주이신 예수 그리스도께서는 마치 하늘로 승천하셨듯이 놀라운 영광과 위엄으로 하늘로부터 이 세상에 가시적인 모습으로 강림하신다."

그렇다. 고백서가 가르치는 대로 우리가 주 예수의 재림을 확신하게 되는 근거는 바로 '하나님의 말씀'이다. 약속에 신실하신 하나님의 말씀인 성경이 그렇게 말씀하고 계시므로 우리는 주의 재림을 확신할 수 있게 되는 것이다. 이 고백서의 조항에서 가르치고 있는 또 다른 측면은 바로 우리 주님께서 오실 날과 시에 대하여 알 수 없다는 것이다. 역사적으로 많은 이단들이 주님이 이미 몇 년도에 재림했다거나 아니면 몇 년도 몇 월에 재림하실 것이라고 가르쳐 왔다. 그러나 우리는 주님이 언제 오실지 그 정확한 날짜를 예견할 수 없다고 가르친다. 다음으로 이 조항이 강조하는 또 다른 사실은 우리 주님께서 재림하실 때에는 보이지 않는 영적인 모습이 아니라 '육체적이고도 가시적으로'(bodily and visibly)오신다는 점이다.

예수님의 재림에 관한 강조

오늘날 교회의 설교들 속에서 '주의 재림'에 대한 언급이 약화되고 있는 듯 한 느낌을 받을 때가 종종 있다. 기독교의 근간이 되는 이러한 중대한 교리에 대한 강조 없이 어떻게 성도들에게 균형 있는 신앙관을 형성해 가도록 할 수 있겠는가? 주님의 재림에 대한 신앙이야 말로 세속적인 가치들로 혼란스러운 현대를 살아가는 우리의 삶을 더욱 견고하게 지탱해주고 있으며, 확신에 가득 찬 삶을 살도록 도와줄 수 있다. 그동안 한국교회는 성도들을 너무나도 지상의 풍요와 안락 속에 정주하도록 소위 번영주의를 가르쳐왔다. 그 결과 하나님의 나라와 의를 구하기보다는 개인주의, 개교회주의적 성향을 가지도록 한 것 같다. 그러므로 앞으로 목회자들은 성도들의 삶의 지평을 더욱 넓혀 주의 재림에다 그 시선을 맞추도록 해 주어야 하겠다. 미래의 재림의 순간에서 현재 자신의 삶을 재고(再考)하고 믿음을 견고케 하며 주와 복음을 위하여 헌신하도록 도전해야 할 것이다. 그러한 성도들의 삶이라면 그 삶 가운데는 주를 찬미하는 노래들로 충만할 것이며 참된 행복이 지속될 것이다.

 3장

마지막 날의 부활

"지금 온 교회는 주님의 오실 날을 고대하고 있습니다. 만일 예수님은 어떤 모습으로 다시 오십니까?'라고 묻는다면, 대다수의 사람들이 '가심을 본 그대로, 온 세상 사람들이 다 보는 가운데 구름을 타고 오신다'고 말할 것입니다. 그러나 전혀 그렇지 않습니다. 예수님께서 하늘에 올라가시는 광경을 목격한 사람은 열 한 제자들뿐이었습니다. 이 시대에도 제자의 심정으로 말씀을 사모하는 자들만 다시 오시는 예수님을 '영의 눈, 믿음의 눈으로' 볼 수 있는 것입니다. 영으로 부활하셔서 이전 있는 곳, 하늘로 올라가셨습니다. 하늘의 이치가 이러함에도 불구하고 예수님께서 육체로 부활하시고, 육체로 승천하시고, 육체로 다시 오시리라는 수준에 머물고 있다면, 전혀 다른 말씀의 세계입니다." 이러한 주장은 언젠가 필자가 연구하게 된 어떤 이의 책에 언급되어 있는 표현이다. 그런가하면 어떤 이단은 주장하기를, '의인은 부활하여 영생하지만, 악인은 부활하여 불태워 소멸되기 때문에 지옥도 존재하지 않는다' 고 함으로써 정통 기독교의 부활에 대한 신앙에서 떠나 있기도 하다.

신앙의 핵심으로서의 부활

바울 사도는 고린도에 있는 크리스천들에게 보내는 서신에서 다음과 같이 말하고 있다.

> "그리스도께서 다시 사신 것이 없으면 너희의 믿음도 헛되고 너희가 여전히 죄 가운데 있을 것이요. 또한 그리스도 안에서 잠자는 자도 망하였으리니, 만일 그리스도 안에서 우리의 바라는 것이 다만 이생뿐이면 모든 사람 가운데 우리가 더욱 불쌍한 자리라. 그러나 이제 그리스도께서 죽은 자 가운데서 다시 살아 잠자는 자들의 첫 열매가 되셨도다. 사망이 사람으로 말미암았으니 죽은 자의 부활도 사람으로 말미암는 도다. 아담 안에서 모든 사람이 죽은 것 같이 그리스도 안에서 모든 사람이 삶을 얻으리라"(고전 15:17-22).

부활은 기독교 신앙의 핵심 교리 중의 하나이며 또 그만큼 중요하다. 만일 우리 기독교 신앙에 있어서 '부활' 이라는 것이 없다면 기독교는 파괴될 수밖에 없을 것이다.

부활이 신자에게 주는 의미

그러면 성경과 신앙고백서들은 최후에 있을 '부활' 에 대하여 어떻게 말하고 있는가? 하이델베르크 교리문답(Heidelberg Catechism, 1563) 제57

문에서는 몸의 부활이(resurrection of the body) 당신에게 주는 위로는 무엇인가를 묻고 있는데, 그에 대하여 다음과 같이 답하고 있다.

"이 생명이 끝난 후에 나의 영혼은 머리이신 그리스도에게로 즉시(immediately) 인도되고(눅 16:22, 23:43; 빌 1:21-23), 나의 이 몸은(this my body) 그리스도의 권능에 의해서 일으켜져 나의 영혼과 다시 합해져서(with my soul) 그리스도의 영화로우신 몸과 같이 될 것이라는 것이다(욥 19:25-26; 요일 3:2; 빌 3:21)."

이처럼 이 문답은 우리가 죽은 후에라도 우리 영혼은 즉시 그리스도께로 인도되고, 우리 몸(this my body)은 우리 영혼(with my soul)과 다시 결합되어(shall be reunited) 그리스도의 영광스러운 몸처럼 될 것임을 가르치고 있다.

웨스트민스터 신앙고백서 제32장 2절에서는 마지막 날의 부활에 대하여 다음과 같이 가르친다.

"마지막 날에 살아 있는 자들은 죽지 않고 변화될 것이다(살전 4:17; 고전 15:51-52). 죽은 자들은 모두 본래와 같은 몸으로 부활할 것이다. 이 부활체는 질적으로는 전과 다를 것이나 같은 몸으로 영혼과 다시 결합하게 될 것이다(고전 15:42-44)."

흔히들 부활 때에는 자신이 이 세상에서 살 때 지녔던 몸과는 전혀 다른 제3의 어떤 것이 될 줄로 생각하는 듯하다. 그러나 고백서들은 한결같이 부활 시에 입게 될 몸이라는 것은 이 세상에 살 때 가졌던 그 몸이라고 가르친다. 비록 그 성질은 다르다 하더라도 본래 가졌던 그 동일한 몸(all the dead in Christ shall be raised up, with the self-same bodies, and none other, although with different qualities)과 다시 결합될 것임을(shall be united again) 강조하고 있음을 볼 수 있다. 벨기에 신앙고백서 제37장 '마지막 심판' 부분에서도 "모든 죽은 자들은 무덤에서 일으킴을 받아 그 영혼과 몸이 연합되어 예전에 살던 모습으로 화할 것"(their spirits being joined and united with their own bodies in which they lived)이라고 가르친다.

불신자들과 부활

성도들만 부활하게 될까? 그렇지 않다. 그리스도를 신앙하지 않은 불의한 자의 몸도 부활하게 될 것이다. 웨스트민스터 신앙고백서 제32장 3절에서는 그 사실에 대하여 다음과 같이 가르친다.

> "불의한 자의 몸은 그리스도의 능력으로 살아나 부끄러움을 당하게 될 것이나, 의인의 몸은 그리스도의 영으로 살아나 영광을 받으며 그리스도 자신의 영광스런 몸을 닮게 될 것이다(행 24:15; 요 5:28-29; 빌 3:21)."

의인들도 불의한 자들도 다 부활하게 될 것이지만, 불의한 자는 부끄러움을 당하게 될 것이고(shall be raised to dishonour) 의인의 몸은 영광을 받으며 그리스도의 영광스런 몸에 일치된 상태로(be made conformable to His own glorious body) 변화될 것이다.

우리의 삶이 죽음으로써 무(無)로 전락(轉落)하는 것이 아니라 '최후 부활'의 순간이 있을 것이라고 하는 이 사실이야 말로 시공간의 제약 속에서 죽음에로 이르고 있는 우리 인간 존재로 하여금 얼마나 위로를 주는 말씀인가! 그렇다. 부활하신 우리 주님께서는 그 날에 성도들의 몸을 자신의 영광스런 몸처럼 다시 일으키실 것이다. 그러므로 오늘 우리들의 형편이 어떠하든지 간에 우리 모두는 주님께서 우리 몸을 영광스럽게 변화시킬 그 날을 기대하자. 성경대로 죽으시고 성경대로 다시 살아나셔서 부활의 첫 열매가 되시고 미래 우리들의 부활을 보장해주시는 그리스도 예수 우리 주 안에서 오늘도 강건하고 담력을 얻고 주의 복음을 위하여 헌신하자!

 4장

최후심판

　참회록을 쓰는 이들을 종종 본다. 참으로 진지한 삶의 태도를 지닌 이들만이 참회록을 쓸 수 있다고 생각한다. 필자의 침상 곁 책장에는 언제나 손에 닿는 곳에 어거스틴(Augustine)의 『고백록』(*Confessions*)이 놓여 있다. 그 안에는 거의 20여 년 전에 필자의 친구가 선물해 주었다고 하는 글귀가 새겨져 있다. 손바닥 안에 들어오는 아주 작은 포켓판 책자이지만, 그 책은 나이가 들어가는 필자에게 있어서 늘 소중한 교훈을 주고 있다. 고백록을 읽으면서 어거스틴의 위대성에 감탄하게도 되고, 그의 참회에 섞인 고백을 읽을 때에는 공감하며 눈물짓기도 한다. 자신의 부끄러운 부분들까지도 드러내어 신앙의 후배들에게 교훈으로 삼게 한 어거스틴의 고백들을 읽으면서 가끔씩은 생각해 본다. '나도 언젠가는 참회의 글을 남길 것인가?' 자신이 없다. 그러나 너무나도 분명한 것은 최후의 한 순간이 나에게 다가올 것이며, 그 때에는 나 자신의 모든 것이 주님 앞에 밝히 드러나게 될 것임을 믿는다.

의인은 주님의 축복으로 심판받고, 악인은 정죄의 선고 하에 있다고 이근삼 박사는 『기독교의 기본진리』에서 설명하고 있다. 그러면 우리 모두에게 다가올 그 마지막 한 순간의 심판에 대하여 주의 말씀과 신앙고백서들은 어떻게 가르쳐주고 있는가? 웨스트민스터 신앙고백서 제33장은 '최후 심판에 관하여' 가르치고 있는데 1절은 다음과 같이 가르치고 있다.

"하나님은 예수 그리스도에 의하여 세상을 심판하실 한 날을 정하셨다(행 17:31; 마 25:31-34). 그에게 아버지의 모든 권세와 심판이 위임되어 있다(요 5:25,27). 그 날에는 배교한 천사들이 심판을 받을 뿐 아니라 이전의 모든 사람들이 한결 같이 그리스도의 심판대 앞에 나타나 그들의 생각, 말, 행동을 설명하고, 그들이 선악간의 몸으로 행한 대로 보응을 받을 것이다(유 6: 벧후 2:4; 고후 5:10; 롬 2:16, 4:10, 12; 마 12:36-37; 고전 3:13-15)."

심판 날의 목적

웨스트민스터 신앙고백서 제33장 2절에서는 말하기를, "하나님이 그 날을 정하신 목적은 피택자들의 영원한 구원에서 그의 자비로운 영광을 나타내시고(롬 9:23; 엡 2:4-7), 악하고 불순종하는 사악한 자들의 영벌에서 그의 공의를 나타내시기 위하심이다(롬 2:5-6; 살후 1:7-8)"라고 가르치고 있으며, 동시에 "그때에 의인은 영생에 들어가 주 앞에서 오는 충만한 기쁨과 유쾌함을 받으나(마 25:31-34; 살후 1:7; 시 16:11) 하나님을 알지 못하고 또 예수 그리스도의 복음을 불순종한 악인들은 영원한 고통에 던져져서 주 앞에서 또는 그의 권능의 영광에서 오는 영원한 파멸에 빠지게 될 것(마 25:41, 46; 살후 1:9; 막 47-48)"이라는 사실도 가르친다.

웨스트민스터 대교리문답 제89문과 90문에서는 심판 날에 악인과 의인이 어떻게 될 것인지 좀 더 자세하게 소개하고 있는데, 89문에는 악인이 어떻게 될 것인가에 대하여 다음과 같이 가르치고 있다.

"심판 날에 악인은 그리스도의 좌편에 두어지고 명백한 증거와 그들 자신의 양심의 분명한 확증이 있을 후 공정한 정죄 선고를 받을 것이요, 하나님의 존전과 그리스도와 그의 성도들, 그의 모든 거룩한 천사들과의 영광스러운 사귐에서 쫓겨나 지옥에 던져져 마귀와 그의 천사들과 함께 몸과 영혼이 다 같이 영원히 고통의 형벌을 받을 것이다(마 25:33, 41-43; 롬 2:15-16; 눅 16:26; 살후 1:8-9)."

심판 날과 의인

제90문은 심판 날에 의인이 어떻게 될 것인지를 다음과 같이 소개한다.

"심판 날에 의인은 구름 속으로 그리스도에게 끌어올려져 그 우편에 설 것이며, 공적으로 인정받고 무죄 선고를 받아 버림받은 천사들과 사람들을 그리스도와 함께 심판하고 하늘에 영접될 것인데, 거기서 그들은 영원무궁토록 모든 죄와 비참에서 해방되어 도저히 상상도 할 수 없는 기쁨으로 충만할 것이다. 따라서 몸과 영혼이 완전히 거룩하고 행복하게 되어 무수한 성도들과 거룩한 무리 가운데 특히 아버지 하나님, 우리 주 예수 그리스도 성자, 성령을 영원무궁토록 대하고 기쁨을 나눌 것이다. 이것이 부활과 심판 날에 무형적 교회 회원이 영광중에 그리스도와 함께 누릴 완전하고 충만한 교통이다. 우리가 하나님에 대하여 믿을 바가 무엇인지 성경이 중요하게 가르치는 것을 보았으니 성경이 요구하는바 사람의 의무가 무엇인지도 고찰해야 한다(살전 4:17; 마 25:33-34, 46, 10:32; 고전 6:2-3, 13:12; 엡 5:27; 시 16:11; 히 12:22-23; 요일 3:2)."

그런데 심판이라든가 재림이 있기 전까지 계속되어야 할 것은 무엇인가? 벨기에 신앙고백 제37장도 위의 고백서나 교리문답서들이 설명하고 있는 것과 대동소이하게 가르치고 있으면서도, 그러한 위대한 카이로스(kairos)적인 사건들이 도래하기 전에 '구원받은 숫자가 차게' 되어야 함을 명시하고 있음을 볼 수 있다.

우리 구원받은 하나님의 자녀된 성도들은 죽음 이후에는 '심판'이 있다는 사실을 명심하여야 하겠다. 그 사실을 자각할 때에 우리는 한 순간 한 순간을 무의미하거나 대수롭잖게 살 수 없을 것 같다. 그리고 그 날이 오기까지 우리는 우리 자신의 생애를 통하여 '구원받아야 할 사람들'이 속히 주님께로 돌아오도록 기도드리면서 직간접적으로 복음증거를 위하여 애써야 하겠다. 더 받으려고만 하지 말고 이미 받은 것들을 주와 복음을 위하여 드릴 수 있어야 하겠다. 의인들에게 심판은 두려운 순간이 아니다. 그날도 여전히 우리는 우리 영혼의 중보자이시며 우리 영혼을 사랑하시는 주님의 면전에 있을 것이다.

5장
새 하늘과 새 땅

"유일하게 하나님께서는 천지와 만물을 창조하시고 아담을 지어 만물을 다스리며 하나님께 감사와 영광을 돌리게 하셨다. 그러나 그가 창조주 하나님과의 언약을 버리고 배도하므로 심판하시고 다시 모세를 세워 4천 년간 역사하셨고, 마침내 구세주 예수님을 보내시어 인류의 죄를 담당하시고 이를 믿는 자들을 속죄하여 천국 자녀로 삼으실 것을 약속하셨다. 그 후 2천년이 지난 오늘날 그 예언의 복음을 1980년에 마치시고 성경의 약속대로 해 돋는 아침의 나라 한반도에 보혜사 성령을 보내사 신천지 새 빛의 나라가 창조되었으니, 이는 신천 심판의 기간 마흔 두 달이 지난 1984년 3월 14일이다."

이것은 1984년을 새 하늘과 새 땅의 창조로 본 한국교회에 혼란을 초래한 이단의 주장이다. 하나님께서 보혜사(그들의 책에는 인간을 보혜사라고 명시함)를 보내어 신천지 나라가 창조되게 했다는 이 주장은 얼마나 해괴하며 터무니없는 것인가?

성경과 신앙고백서들은 주님께서 신천신지를 이루시기 전에는 주의 재림과 사람들의 부활과 심판 등이 있을 것을 말씀하고 가르친다. 성경은 결코 그러한 일련의 중대한 카이로스(kairos)적이며 획기적인 사건들도 없이 보혜사가 와서 새 나라를 창조할 것이라고 가르치지 않는다. 그러면 주님께서 재림하신 후에 우리 몸의 부활과 심판 다음에 경험하게 될 신천신지는 어떤 것인가? 그 신천신지와 천국 사이에는 어떠한 관련이 있는가? 그 신천신지에 대하여 성경과 신앙고백서들은 어떻게 가르치고 있는가?

새 하늘과 새 땅에서의 성도들의 상태

성경과 신앙고백서들은 신천신지에 대하여 상술하고 있지는 않지만, 주로 재림 혹은 심판과 관련하여 신천신지의 모습을 그림자처럼 보여주고 있다고 할 수 있다. 웨스트민스터 대교리문답 제90문은 '심판 날에 의인은 어떻게 될 것인가?'를 묻고 다음과 같이 답한다.

> "심판 날에 의인은 구름 속으로 그리스도에게 끌어올려져······.하늘에 영접될 것인데, 거기서 그들은 영원무궁토록 모든 죄와 비참에서 해방되어 도저히 상상도 할 수 없는 기쁨으로 충만할 것이다. 따라서 몸과 영혼이 완전히 거룩하고 행복하게 되어 무수한 성도들과 거룩한 무리 가운데 특히 아버지 하나님, 우리 주 예수 그리스도 성자, 성령을 영원무궁토록 대하고 기쁨을 나눌 것"(살전 4:17; 마 25:33-34; 고전 6:2-3; 엡 5:27; 시 16:11; 히 12:22-23; 요일 3:2)

이 문답서는 심판 이후에 대하여 가르치기를 죄와 비참으로부터 해방된 상태라고 먼저 가르친다. 그리고 '도저히 상상도 할 수 없는 기쁨으로 충만한 상태' 일 것을 가르친다. 영혼과 몸이 '완전히 거룩해지고 행복하게 될 것' 이라고 가르친다. 그리고 성도들과의 교제는 물론이고 특히 '아버지 하나님, 우리 주 예수 그리스도 성자, 성령을 영원무궁토록 대하고 기쁨을 나누게 될 것' 이라고 가르친다. 이것이 구원받은 성도가 부활한 이후에 경험하게 될 신천신지에서의 모습이다. 이 문답의 조항에서는 이러한 것들이 '부활과 심판 날에 무형적 교회 회원이 영광중에 그리스도와 함께 누릴 완전하고 충만한 교통' 이라고 가르치고 있는 것이다. 부활과 심판의 날에 누리게 될 모습이라면 신천신지에서 영원히 누리게 될 모습이라고 할 수 있을 것이다. 이 얼마나 축복되고 행복한 상태인가! 그야말로 지복(至福)의 상태라고 할 수 있지 않겠는가?

벨기에 신앙고백서 제37장에서도 '마지막 심판' 에 대하여 다음과 같이 언급하면서 신천신지에서 성도가 경험하게 될 상황을 악인이 심판 이후에 겪게 될 일들과 상반적으로 가르치고 있다.

"사악한 자들은 모두가 이 세상에서 무죄한 자들을 박해하고 억누르고 괴롭힌 사람들로서 그들의 양심의 증거를 따라 심판을 받고 죽지는 아니하되 악한 자들과 악한 천사들을 위하여 예비된 영원한 불 속에서 고통을 받게 될 것이다."

새 하늘과 새 땅에서 성도들이 받을 영광

새 하늘과 새 땅에서 성도들이 받을 영광은 먼저 신실하고 선택된 자들은 영광과 존귀로 관 씌워질 것이요(the faithful and elect will be crowned with glory and honor), 하나님의 아들은 아버지와 그 택함 받은 천사들 앞에서 성도의 이름을 밝히게 되고, 그들의 눈에서 모든 눈물이 씻김을 받을 것이다. 그리고 주께서는 은혜의 선물로써 인간의 생각으로는 도저히 해 볼 수 없는 놀라운 영광을 성도들에게 내려 주실 것이다(as a gracious reward the Lord will make them possess a glory such as the heart of man could never imagine). 그 상태에서는 부활한 인간의 몸과 영혼이 '완전히 거룩해지고 행복하게' 된다. 그리고 성부와 성자와 성령을 무궁토록 대하고 기쁨을 나누게 될 것이다.

새 하늘과 새 땅에 대하여는 교파나 학자들 간에 다소 견해 차이를 보이고 있다. 루터파 신학자들은 그 신천신지를 천지창조와 같은 새로운 창조로 보지만, 개혁주의 신학자들은 '無에서의 創造(creatio ex nihilo)'가 아닌 질적으로 새로운 상태로 생각했다. 개혁주의 진영의 학자들은 '하늘이 큰 소리로 떠나가고 체질에 뜨거운 불에 풀어진다'고 한 벧후 3:10에 근거하여 그 날에는 만물의 기본이 되는 구성요소에까지 근본적인 변화가 있을 것으로 보며, 현재의 우주와는 근본적으로 다른 것이 될 것으로 전망하고 있다. 그러나 우리가 더 상세한 설명을 들을 수 없더라도, 그 날 그 하늘과 그 땅에서 우리는 '놀라운 영광' 속에서 거룩하신 성삼위일체 하나님을 대하며 지복의 상태에 있게 될 것이다.

그러므로 오늘 우리는 때로는 긴 듯 때로는 짧은 듯 느껴지지만 우리 인생길의 끝엔 주님께로 우리들의 영혼이 인도되고 의식적인 상태에서 존재하다가, 먼 후일 주님께서 재림하시는 그 순간에는 부활한 몸으로 주 앞에 서게 되고, 그 이후에 새로운 하늘과 새로운 땅 즉 신천신지(新天新地)에서 주와 함께 또 함께 성도된 이들과 함께 영원무궁토록 복락 속에 존재하게 될 것을 확신하자.

✢ 학습 문제

1. 죽은 이후 성도의 영혼은 어떻게 되는가? (웨스트민스터 신앙고백서 제32장 참조)

2. 영혼멸절설이란 무엇이며, 우리는 그러한 견해에 대하여 어떻게 생각해야 하는가?

3. 주님께서 재림하실 때의 양상은 어떠한가? (벨기에 신앙고백서 37장 참조)

4. "의인은 부활하여 영생하지만, 악인은 부활하여 불태워 소멸되기 때문에 지옥도 존재하지 않는다"라는 가르침에 대하여 어떻게 생각하는가?

5. 몸의 부활이 성도에게 주는 위로는 무엇인가? (하이델베르크 교리문답 제57문 참조)

6. 하나님은 왜 심판날을 정하셨다고 생각하는가? (웨스트민스터 신앙고백서 제33장 2절 참조)

7. 심판 날에 악인은 어떻게 될 것인가? (웨스트민스터 대교리문답 제89문답 참조)

8. 심판 날에 의인은 어떻게 될 것인가? (웨스트민스터 대교리문답 제90문답 참조)

9. 새 하늘과 새 땅 즉 신천신지에서 우리는 어떤 상태에서 살게 될 것인가? (웨스트민스터 대교리문답 제90문답 참조)

10. 신천신지에 대한 개혁주의 신학자들의 견해는 무엇인가?

| 제8부 |

어떻게 살 것인가?

 1장

자유의지의 회복과 실천

우리는 이 세상을 살아가면서 언제라도 불변적으로 선만을 원하는 자유 의지를 가지고 있는 것일까? 인간은 현세에서 언제나 예외 없이 하나님을 기쁘시게 하려고 생각하고 또 그렇게 행할 능력을 가지고 있을까? 만약 우리가 영원토록 하나님만을 기쁘시게 하고 범죄하지 않으면서 살 수 있다면 얼마나 좋을까? 그러나 우리의 생활에서 우리는 너무나도 많은 경우에 그렇게 하지 못함을 경험하곤 하며 또 그로 인해 좌절하기도 한다. 펠라기우스(Pelagius, 354~418) 같은 사람이 스스로 의지로써 자유로이 선악을 행할 수 있다고 주장했지만, 어거스틴을 비롯하여 그 전통에 서 있는 개혁주의 신학자들은 그러한 종류의 사상들을 배격해왔다. 그러면 우리 인간은 도대체 어느 정도로 자유 의지를 지니고 있으며 행사할 수 있는 것일까?

자유의지의 기원

웨스트민스터 신앙고백서 제9장은 바로 이 「자유 의지」라고 하는 주제를 다루고 있는데, 1절에서는 자유의지의 본질을 말하고 있다. 마 17:12; 약 1:14; 신 30:19 등에 근거하여 말하기를, "하나님은 사람의 의지에 자유를 부여하셨다. 그 자유는 선악이 강요되지도 않으며, 또 본성의 절대적 필연성에 의해서 결정되지도 않게 하셨다"고 한다. 그렇다. 하나님께서 태초에 사람의 의지에 부여하신 그 자유라는 것은 강요되지 않는 것이자 그 어떤 절대적 필연성에 의해서도 결정되지 않는 그러한 것이었다. 바로 그 상태에서는 인간은 어떻게 할 수 있었겠는가? 2절은 창 2:16-17, 3:6 등에 근거하여 "사람이 그의 무죄 상태에서는 선한 일을 하고 하나님을 기쁘시게 하려고 생각하고 또 그렇게 행할 자유와 능력을 가졌다. 그러나 그는 그런 상태로부터 변하여 타락할 수도 있었다"고 기록하고 있다.

타락과 자유의지의 변화

그러나 인간은 결국 하나님의 금하신 명령을 어김으로써 타락하게 되었다. 그 결과 어떻게 되었는가? 3절에서는 이 부분에 대하여 서술하고 있다.

> "사람이 죄의 상태로 타락함으로 인해 구원을 가져올 만한 영적 선을 행할 의지를 다 잃어버렸다(hath lost all ability of will to any spiritual good)(롬 5:6, 8:7; 요 15:5). 그러므로 자연인은 선을 전혀 싫어하게 되고(롬 3:10, 12) 죄에서 죽어 있어(엡 2:1,5; 골 2:34) 자기 자신의 힘으로 자신을 회개시키거나 자신을 회개시키도록 준비할 수도 없게 된다(요 6:44, 65; 엡 2:2-5; 고전 2:14; 딛 3:3-5)."

타락의 결과 인간은 영적 선을 행할 의지를 상실했으므로 자신의 힘으로 자신을 회개시킬 수 없는 가련한 지경으로 전락했다.

그리스도 안에서의 자유의지의 회복

모든 구름이 흰 가장자리를 가지고 있듯이 비참에 빠진 인간들에게도 희망이 있음을 4절이 보여주고 있다. 하나님께서 죄인을 회복시키셔서 은혜의 상태로 옮겨 놓으실 때에(when God translates him into the state of grace) 그를 나면서부터 괴롭힌 멍에 같은 죄의 속박에서 해방시키신다(골 1:13; 요 8:34, 36). 그의 은혜에 의해서만 영적으로 선한 것을 행하고 의지력과 능력을 주신다(빌 2:13; 롬 6:18, 22). 그렇다고 하더라도 그 안에 아직도 남아 있는 부패성 때문에 선한 것을 온전히 원하지 못할 뿐 아니라 악한 것을 원하기도 한다(갈 5:17; 롬 7:15, 18-19, 21, 23). 그래서 어거스틴(Augustine)도 『하나님의 도성』 14.11에서 "타락으로 말미암아 그 자유를 상실해버린 이후로는, 자유의지를 부여하는 능력을 가지셨던 분에 의해서만이 그 자유를 되돌려 받을 수가 있다"고 설명했을 것이다.

그러면 사람의 의지는 언제 불변적으로 항상 선만을 원하는 자유의지를 지니게 될까? 5절은 다음과 같이 말한다.

> "사람의 의지는 영화롭게 된 상태에서만 '완전히 또 불변적으로'(perfectly and immutably) 선만을 원하는 자유를 가진다(엡 4:13; 히 12:23; 요일 3:2; 유 24)."

자유의지의 불변적 선용은 오직 성도들이 '영화된 상태에서만이'(in the state of glory only)' 가능하다. 지금 현재 우리들은 거룩한 삶을 본받아 가고 있는 성화의 길을 걸어가고 있는 이 은혜의 상태에서는(in the state of grace) 우리는 자유의지 (free will)를 가지지만 부분적으로는 선을 부분적으로는 악을 행하는 것이다. 이 상태에서는 상반된 두 가지의 도덕적 성향의 혼합(a mixture of two opposite moral dispositions)이 존재한다.

그러므로 지금 현재 우리들은 현세에서의 우리의 자유의지가 불변적으로 선만을 행하지는 못한다고 하는 한계가 있음에도 불구하고 항상 성령의 충만과 인도하심을 구하면서(엡 5:18; 요 16:13) 육체의 소욕이 아닌 성령의 소욕을 따라 살면서 열매들을 맺고 헌신하며 그 속에서 참된 행복을 경험해야 할 것이다.

 2장

선행

　언젠가 필자는 어느 의사의 전기를 읽었다. 그분은 평생 의사 얼굴 한 번 보지 못한 가난하고 힘든 이들을 치료해주겠노라고 결심했다. 자신의 수입의 많은 부분들을 그런 분들을 위하여 사용했다. 그는 의사로서 모범적인 길을 걸었다. 그는 한국 최초의 청십자 의료보험을 만들었던 장기려 박사이다. 필자는 얼마 전 지방을 순회하며 강의하던 중 그 의사 선생님으로부터 직접 가르침을 받은 바 있는 어느 권사님을 만났다. 그분은 장박사께 정성스레 가디건을 떠드린 적이 있었는데 선생님은 얼마 있지 않아 그것조차도 남에게 주셨다는 사실을 알게 되었다고 했다. 한 번은 장박사가 걸인에게 줄 돈이 당장 수중에 없어서 지니고 있던 수표를 준 적이 있는데 그 걸인이 은행에서 수표를 바꾸려하자 은행 측에서는 그를 의심하여 장박사께 조회를 해 온 적도 있다고 한다. 그것은 필자가 읽은 전기에서도 또 강의 후에 만났던 그분의 제자에게서도 공통적으로 확인할 수 있었던 사실이다. 그 얼마나 숭고하며 아름다운 선행의 삶이었는가?

선행(善行)과 구원

선행이라는 것은 우리 크리스천의 삶에 있어서 어떠한 비중을 차지하고 있는 것인가? 우리는 선행의 참된 의미와 성격에 대하여 바로 이해해야 할 필요성을 느낀다. 웨스트민스터 신앙고백서 제16장은 '선행'에 대하여 가르치고 있는데, 5절은 다음과 같이 말하고 있다.

> "우리는 우리의 최선을 다한 행위에 의해서도 하나님의 손에 있는 죄의 용서나 영생을 얻을 수 없다. 인간의 선행과 장차 올 영광 사이에 올 큰 불균형이 있고 우리와 하나님 사이에 무한한 거리가 있어서 우리는 그 행위로 하나님께 유익하게 하지도, 우리의 이전에 지은 죄의 벌을 갚지도 못한다. 우리가 우리로서 할 수 있는 것을 다한 때에라도 우리는 우리의 의무를 한 것뿐이요, 무익한 종에 불과하다(눅 17:10; 갈 5:17). 우리의 선행이 훌륭하다면 성령으로부터 나온 것이요 (갈 5:22-23), 그 선행이 우리에 의해 이루어질 때에는 그것이 더러워지고 많은 약점과 불완전으로 섞여져서 하나님의 심판의 엄중함을 견뎌낼 수 없다(사 64:6; 시 130:3, 143:2; 갈 5:17; 롬 7:15,18)."

이 고백서의 설명은 인간의 아름다운 선행들이라 할지라도 그것이 우리의 영혼의 구원에 관하여는 전혀 영향을 미칠 수 없음을 강조하여 가르치고 있다. 인간의 '최선을 다한 행위에 의해서도 하나님의 손에 있는 죄의 용서나 영생을 얻을 수 없다.' 인간은 인간 자신의 행위에 의하여 하나님께 유익하게 하지도, 우리의 이전에 지은 죄의 벌을 갚지도 못하는 것이다. 여기에서 말하고 있는 중요한 사상 한 가지는 바로 '인간은 자신의 선행에 의하여 구원받을 수 있는 것이 아니다'라는 것이다. 이러한 강조는 벨기에 신앙고백서 제24장 '인간의 성화와 선행'에서도 나타나고 있는데 그 내용은 다음과 같다.

> "그럼에도 불구하고 우리를 의롭게 하는 데 있어 이 선행들은 아무런 가치가 없는데, 왜냐하면 의롭다 칭함을 받는 것은 선을 행하기 전일지라도 오직 그리스도를 믿는 믿음 안에서만 되어가는 것이기 때문이다."

그러므로 인간의 공로로 구원을 얻는다든지, 구원을 얻었지만 행함이 없으면 그 구원을 잃어버리게 된다는 식의 인간 공로적인 구원관을 배척해야 하는 것이다.

오늘날 한국교회의 어떤 목사가 실제로 '하나님의 전적인 은혜로 구원을 얻은 자라 할지라도, 선행이나 율법을 지켜 행하지 않으면 하나님 보시기에 믿지 아니하는 자로 인정되어 안식에 들어갈 수 없다'고 주장하는 것은 심각한 신학적인 오류를 내포하고 있는 주장임을 알아야 한다. 평신도들은 물론이고 목회자들 가운데도 종종 '선행'의 필요성 혹은 '율법의 행함'을 지나치게 강조함으로써 마치 인간의 구원이 인간의 행함과 관련이 있는 것처럼 주장하는 이들이 있다.

성도로서의 선행과 삶

우리는 성경 말씀과 신앙고백서들이 구원 얻은 백성들에게 선행을 행할 것을 강조하고 있음을 간과해서는 안 된다. 구원받은 이들에게는 이제 하나님께서 그 실천 즉 선행을 포함한 행함을 요구하시는데, 웨스트민스터 신앙고백서 제16장 1절에서는 '선행은 하나님께서 거룩한 말씀 가운데서 명령하신 것'임을 밝히고 있으며, 2절에서는 '하나님의 계명에 순종해서 행해지는 이 선행은 참되고 살아있는 신앙의 열매와 증거(약 2:18, 22)라고 가르친다. 그리고 인간으로 하여금 자고하지 않도록 3절은 다음과 같이 가르치고 있다.

"신자들이 선행을 할 수 있는 재능은 조금도 그들 자신에게서 나온 것이 아니라 전적으로 그리스도의 영으로부터 오는 것이다(요 15:5-6; 겔 36:26-27)."

그리고 벨기에 신앙고백서 제24장에서도 '이 선한 일들은 마치 좋은 믿음의 뿌리에서 선한 열매가 나오듯이 하나님 보시기에 받으실 만한 착한 행위들로써 이 모든 것은 하나님의 은혜로 인하여 거룩하게 되는 것'이라고 가르치고 있다.

그러므로 우리들은 「제2스위스 신앙고백서」(The Second Helvetic Confession)의 가르침과도 같이, 우리들은 선행(good works)의 목적은 우리가 그것에 의하여 영생을 얻기 위함도 아니고 주님께서 배격하시는 허식(ostentation)을 행하는 것이어서도 아니라, 오직 하나님의 영광을 위한 것임을 자각하고 이러한 기초 위에서 더욱 열성을 다하여 주를 섬기고, 그 가운데서 더욱 행복한 삶을 누려야 하겠다.

선행에 대한 어거스틴의 고백

"나의 선한 행위는 당신의 작품이며 당신의 선물입니다. 그러나 나의 악한 행위는 나의 실수이며 당신의 벌을 받아야 마땅한 것입니다. 선은 그들에게 기쁨을 선물하지만 악은 그들에게 실망과 한숨을 안겨줍니다. 따라서 내 형제들의 영혼 속에서 타고 있는 향로(계 8:3)를 통하여 기쁨과 슬픔이, 주를 향한 찬송과 세상으로부터 오는 애곡이 함께 당신에게 상달되도록 하여 주옵소서"

『고백록』 제10권 4장

3장

자유로운 종

　언제 그 드라마를 보았는지 지금은 그 때를 기억할 수도 없지만 아직 기억하는 스토리가 하나 있다. 그것은 자유를 허락해 주었지만 예전 주인 곁을 떠나지 않고 끝까지 섬기겠다고 하는 내용이었다. 자유가 주어지기 전 종살이하는 사람이 있다면 그 사람은 얼마나 억압되고 침울한 삶을 살아야만 할까? 그런데 그러한 사람에게 자유가 주어진다면 아마도 날개가 있다면 훨훨 하늘을 날고 싶을 것이다. 거의 20여 년 전 필자는 루터(Luther)와 칼빈(Calvin)의 자유 개념을 비교 연구한 적이 있다. 며칠 전 그 논문을 다시 보게 되었는데 너무나도 체계적이지 못하고 내용도 부실하여 부끄럽게 여겨졌다. 그럼에도 불구하고 그 논문 속에서 보석 같은 단어들이 몇 개 있었는데 그 가운데 하나는 '자유로운 종'이라는 표현이었다.

이 얼마나 역설적인 표현이며, 이 얼마나 아름다운 말인가! 그러면 기독교에서 말하는 자유는 무엇인가? 그 자유는 무엇으로부터의 자유이며 무엇을 위한 자유인가? 이 자유를 얻은 존재들의 삶의 방식은 어떠해야 하는가? 이 자유의 문제는 기독교인 각자의 존재에 있어서 대단히 중요한 문제이며, 자신의 삶의 의미와 결부된 문제라고 할 수 있다. 그러면 성경 말씀과 신조와 신앙고백서들에서는 이 자유에 대하여 어떻게 가르치고 있는가?

자유의 기초

웨스트민스터 신앙고백서 제20장 1절에서는 '그리스도인의 자유와 양심의 자유에 관하여' 서술함에 있어서 그 자유란 그리스도 구속에 기초하고 있으며 그것은 죄와 사망으로부터의 자유와 해방이며 하나님께 접근할 수 있고 순종할 수 있는 자유임을 언급하고 있다.

> "그리스도께서 복음 아래 있는 신자들을 위하여 값 주고 사신 자유는 죄책, 하나님의 정죄하는 진노, 도덕적 율법의 저주에서 해방이요(딛 2:14; 살전 1:10), 이 악한 세상과 사단의 종 됨에서, 죄의 지배에서(갈 1:4; 행 26:28; 골 1:13; 롬 6:14) 또는 고통의 악, 사망의 쏘는 것, 무덤의 승리, 영원한 멸망에서의 해방이다(시 119:71; 고전 15:56-57; 롬 8:1). 또한 이 자유는 하나님에게 자유롭게 접근할 수 있고(롬 5:2) 노예적 공포 때문이 아니라 어린아이 같은 사랑과 즐겨하는 마음 때문에 하나님께 순종을 드리는 데 있다(롬 8:14-15; 엡 2:18; 갈 4:6; 히 10:19; 요일 4:18)."

자유를 주신 목적

참 자유를 주신 목적은 주님을 섬기도록 하기 위함이며, 사랑으로 서로 종노릇하게 하기 위함이다. 2절에서는 하나님만이 양심의 주가 되시는데, 하나님의 계명을 떠날 때에는 양심의 참 자유를 저버리는 것임을 언급하고 있으며(갈 2:3-4; 골 2:20, 22-23; 갈 5:1), 맹목적인 순종은 양심의 자유와 이성을 파괴하는 것임을 밝히고 있기도 하다(호 5:11; 계 13:12, 16-17). 그리고 3절에서는 그리스도인에게 주어진 자유의 목적에 대하여 다음과 같이 말씀하고 있다.

"그리스도인의 자유를 구실로 하여 어떤 죄를 범하거나 어떤 욕심을 품는 자들은 그렇게 함으로 그리스도인의 자유의 목적을 파괴한다. 신자의 자유의 목적은 우리가 원수들의 손에서 구원을 얻어 우리의 전 생애에 주 앞에서 두려움 없이 거룩함과 의로움으로 주님을 섬기려는 것이다(갈 5:13; 벧전 2:16; 눅 1:74-75; 벧후 2:19; 요 8:34)."

이 부분에서 우리가 너무나도 잘 아는 갈라디아서의 말씀을 인용하고 있는데, "자유를 위하여 부르심을 입었으나 그러나 그 자유로 육체의 기회를 삼지 말고 오직 사랑으로 서로 종노릇하라"라는 이 간략한 말씀은 곧 성도들에게 주어진 자유의 기회라는 것이 자신의 육체를 위한 것이 아니라 '서로 종노릇' 즉 '서로 섬김'을 위한 것임을 강조하고 있다. 이렇게 볼 때 그리스도인의 자유란 그리스도로 말미암아 주어진 것인데, 기독교인 이 자유의 기회를 하나님을 섬기고 이웃을 위한 종노릇하는데 사용해야 함을 알 수 있다.

자유의 의미

참 자유의 의미는 4절에서 말하고 있는 것처럼 이 자유는 상대방을 파괴하는 것이 아니라 상호간 붙들어주며 보존하려고 주어진 것이다. 그렇기 때문에 기독교인은 자신의 자유를 구실로 삼아서 국가적인 혹은 교회적인 합법적 권세나 권력행사에 반대해서는 안 된다. 그것은 하나님께 반항하는 행위가 되는 것이라고 고백서는 벧전 2:13-14; 히 13:17; 롬 13:1-3 말씀들에 근거하여 가르친다. 고백서는 다음과 같이 부연하고 있다.

"그들이 자연의 도리와 신앙관, 예배, 생활에 관한 그리스도교의 상식적 원리와 감화력 있는 경건에 배치되는 의견을 발표하거나 계속적으로 그 같은 행위를 지지한다면 그것은 잘못이다. 이런 잘못된 사상과 행위는 본질적으로 뿐만 아니라 표현과 지지 방법에 있어서 잘못된 것이어서 그리스도가 교회 안에 확립한 외적인 평화와 질서를 파괴하는 것이다. 그들은 교회의 법에 의해 합법적으로 문책되고 고소될 수 있다(고전 5:1, 5, 11, 13; 딛 1:13; 마 18:17-18; 살후 3:14; 딛 3:10)."

그러므로 우리 그리스도인들은 주 예수의 보혈의 공로로 말미암아 죄 사함 얻고 자유를 얻었으므로 이 자유의 기회로 하나님을 섬기고 이웃을 위하여 종노릇하며 생활할 수 있어야 하겠다. 자유로운 종으로서 살아갈 수 있다면 그러한 생애는 얼마나 아름다우며 복될 것인가!

갈라디아서 5장

"형제들아 너희가 자유를 위하여 부르심을 입었으나 그러나 그 자유로 육체의 기회를 삼지 말고 오직 사랑으로 서로 종노릇하라"

갈라디아서 5:13

4장

가족생활

  필자는 한 때 어린 아들들에게 질문을 해 본 적이 있다. 때로는 그들이 신앙적인 태도를 지니면서 생활하고 있을 때, 때로는 그들이 부모의 말에 불순종하고 마음대로 행하여 신앙적이지 못한 태도를 지니고 있을 때 종종 그들에게 던진 질문이다. 그것은 곧 '이 세상에서 가장 소중한 것이 무엇이냐?' 라고 하는 것이었다. 그때마다 자녀들은 대답하기를 '가족입니다' 라고 말하곤 했다. 주의 교회의 가장 기본적인 단위인 가족이 그만큼 소중하며, 가족의 일원으로서 생활하라고 강조하곤 했다.

  그런 것 같다. 신불신 간에 모든 이들이 가장 소중하게 여기고 있는 것은 가족이다. 필자는 종종 교회들을 순회하며 강의할 때 빠뜨리지 않고 성도들에게 보여주는 그림이 하나 있다. 그것은 도미틸라(Domitilla) 카타콤에서 발견되었다고 하는 여러 가지 초기 기독교의 상징들인데, 그 가운데는 앵커(닻) 모양의 십자가를 중심으로 이쪽저쪽에 물고기들이 물고 있는 그림이다. 그리고 그 그림(사실은 긁어 놓은 것임)의 오른 쪽으로는 자그마한 새끼 물고기들도 있다. 그것을 보면서 필자는 이 한 장면의 자그마한 그림이야 말로 예수 그리스도를 하나님의 아들이요 구세주로 믿고 한 평생을 같이 살며 은혜와 복을 누리는 가족의 모습을 담고 있다고 생각한다.

결혼의 성격

그러면 우리 삶의 행위에 대한 준칙인 성경과 고백문서들은 가족 혹은 가정에 대하여 어떻게 가르치고 있는가? 웨스트민스터 신앙고백서 제24장 제1절부터 6절에서는 '결혼과 이혼에 관하여' 가르치고 있는데, 1절에서는 '결혼의 성격'에 대하여 다음과 같이 가르치고 있다.

> "결혼은 한 남자와 한 여자 사이에 이루어져야 한다. 즉 어느 남자가 동시에 한 명 이상의 아내를 두는 것이나 어느 여자가 동시에 한 명 이상의 남편을 두는 것도 합법적이지 아니하다(고전 7:2). 하나님은 결혼으로 두 사람이 죽을 때까지 함께 살도록 제정하셨다."

여기에서 강조하고 있는 것은 결혼이란 한 남자와 한 여자와의 결합이며, 죽기까지 함께 살도록 하나님께서 제정하신 것이라는 부분이다.

결혼의 목적

2절에서는 '결혼의 목적'에 대하여 언급하고 있는데, 결혼이란 남편과 아내의 상호 협조를 위해(창 2:18) 합법적인 자녀에 의한 인류의 증가와 거룩한 씨에 의한 교회의 증가를 위해(말 2:15; 창 9:1) 또 부정(不貞)을 방지하기 위해 제정되었다(고전 7:29)고 가르친다. 사실 이 결혼의 목적은 대단히 중요하며, 이것은 한 가정의 행복을 위하여 그리고 교회와 사회와 인류를 위하여 커다란 의미를 지닌 것임을 가르치고 있는 것이다.

3절에서는 판단력을 가지고 결혼에 합의할 수 있는 사람은 누구나 결혼하는 것이 마땅하지만(히 13:4; 딤전 4:3), 그러나 오직 주 안에서 결혼하는 것이 그리스도인의 의무라고 가르친다. 그러므로 진정한 개혁교회의 신자들은 불신자나 로마 카톨릭 교인이나 우상 숭배하는 자와 결혼해서는 안 된다는 점까지도 부언하고 있다. 그렇게 해야 할 이유를 제시하기를, "노골적으로 범죄 생활을 하고 있는 자나 이단을 주장하는 자와 결혼하여 뜻이 맞지 않게 살아갈 수 없다(고전 7:39; 고후 6:14; 창 34:14; 출 34:16; 왕상 11:4; 느 13:25-27)"고 하고 있다.

결혼을 금하는 경우

4절에서는 근친결혼을 금지하고 있으며(고전 5:1; 레 18장; 마 6:18; 레 18:24-28, 20:19-21), 5절은 약혼한 후에 간음이나 간통한 사실이 결혼 전에 발견되면 순결한 편에서 약혼을 파혼할 수 있는 정당한 권한이 주어진다(신 22:23-24)고 가르치며, 결혼 후에 범한 간음의 경우에 있어서는 순결한 편에서 이혼 소송을 제기하고(마 5:31-32) 이혼 후에는 죄를 범한 쪽이 죽은 것처럼 다른 사람과 재혼할 수 있다(마 19:9)고 가르친다. 그리고 6절에서는 상대방의 간음 외에는 결혼의 결속을 취소하기에 합당한 원인이란 아무 것도 없다(마 19:6, 9)고 가르친다.

이처럼 하나님과 말씀과 신앙고백 문서는 결혼의 목적과 이유, 그리고 이혼의 경우 등에 대하여 윤곽을 제공하고 있다. 성도들은 이러한 가르침에 충실하여야 한다. 그러나 타인들이 겪고 있는 아픔들에 대하여 몰인정한 비평가가 되어서는 안 될 것이다. 오히려 그 시련 중에 있는 영혼들을 위하여 주의 긍휼과 은총을 내려주실 것을 기도해야 할 것이다. 우리는 우리 형제와 자매들이 어떠한 지경에 이르렀든지 그들을 그리스도 안에서 대하기를 잊지 말아야 한다. 그리고 지금 현재 우리 각 가정들을 주의 은혜 가운데 거하도록 위하여 기도하고 애쓰면서, 가정을 인하여 하나님께 감사하고 영광을 돌려야 할 것이다.

 5장

국가 위정자

　어느 정당의 대선 후보가 한국기독교총연합회를 방문한 적이 있었다. 물론 종파를 초월하여 정치인이 한기총을 방문할 수 있다. 그 중에는 때로는 우리와 같은 종교를 가진 이가 있을 수 있고 타종교인일 수도 있다. 그런데 중요한 것은 한국기독교총연합회라고 하는 이름으로 어느 특정한 후보를 지원할 수는 없는 일이라고 생각한다. 왜냐하면 우리는 크리스천이면서 동시에 대한민국 국민의 한 사람으로서 개인적인 고유의 자유를 행사할 수 있어야 하기 때문이다. 모든 국민이 자신의 이념과 취향에 따라 한 정당 혹은 정치인을 지지할 수 있어야 한다. 최근 들어 한국기독교는 어떤 정당에 대하여 전체주의적인 지지를 보내기에 익숙해 진 듯하다. 물론 그 이면에는 기독교의 이념을 지켜가기 위한 순수한 노력이 있었을 수도 있다. 그럼에도 불구하고 기독교가 집단적으로 어느 한 정당을 지지한다는 것은 정당화 될 수는 없을 것이다. 그러면 우리 기독교인들은 국가 위정자들 및 정당들에 대하여 어떠한 태도를 견지하는 것이 타당한가?

위정자들에 대한 올바른 태도

우리 신앙 열조들이 전달해준 귀중한 신앙 지침서인 웨스트민스터 신앙고백서 제23장에서는 이 주제에 대하여 보다 선명한 이해를 제공해주고 있다. 이 장은 '국가의 위정자에 관하여' 취급하고 있는데 1절에서는 다음과 같이 말한다.

> "온 세계의 주가 되시고 왕이신 하나님께서는 자기의 영광과 백성들의 유익을 위하여 위정자들을 자기 밑에 세우사 백성들을 다스리도록 하셨다. 그리고 이 목적을 이루시기 위해 칼의 힘으로 그들을 무장시키셔서 선한 자들을 보호하고 격려하며 행악자들을 처벌하도록 하셨다(롬 13:1, 3-4; 벧전 2:13-14)."

이러한 내용은 벨기에 신앙고백서 제36장에서도 거의 동일하게 가르치고 있다.

> "우리는 은혜로우신 하나님께서 인간의 타락으로 말미암아 왕과 군주와 행정 장관을 세우셨음을 믿는데, 이는 세상이 특정한 법과 정책에 의해 다스려짐으로 인간의 방종이 제어되고 만사가 선한 질서와 순서를 따라 움직여지도록 하기 위함이다. 죄를 지은 자들을 징벌하고 선을 행한 자들을 보호하기 위하여 하나님께서는 위정자들을 세우신 것이다."

우리가 주지하다시피 국가의 위정자들을 세우셔서 백성을 다스리도록 하는 권세는 세계의 주가 되시고 왕이신 하나님께서 가지고 계시다는 점을 먼저 선언하고 있음을 보게 된다. 여기에서 우리들은 역사를 추진해가고 인도해 가시는 하나님에 대하여 확신해야 한다. 교회의 역사를 포함한 전 세계의 역사를 진행시켜 가시는 분은 하나님이시다. 거룩하신 하나님께서는 섭리하심과(the providence of God) 성령의 인도하심(guidance of the Holy Spirit)으로 이 세계 역사 속에 간섭하시고 이끌어 가신다. 우리 기독교인들은 이 사실을 믿는다. 이 사실이야 말로 성경이 그렇게 말씀하시는 바이며, 어거스틴, 칼빈, 개혁자들의 후예들이 강조해 온 바이다. 그리고 우리 믿음의 중요한 고백서인 바로 이 고백서에서도 확언(確言)하고 있다.

기독교인이 공직에 임명되었을 때

웨스트민스터 신앙고백서 제23장 2절에서는 기독교인도 공직에 임명받으면 그것을 받아들여 수행하는 것이 합당하다(잠 8:15-16)고 가르쳐준다. 그 직분을 수행함에 있어서 그들은 마땅히 국가의 건전한 법률에 따라 특별히 경건과 정의와 평화를 유지하도록 해야 한다(시 82:3-4; 벧전 2:13)고 한다. 그렇다. 기독교인으로서 관직을 수행할 때 국가의 건전한 법률에 따르면서 정의를 위하여 수행해야 한다는 것은 너무나 당연한 일이다. 구태의연한 세속적인 관습들과 관례들이 있음에도 불구하고, 그 속에서도 기독교인들은 고유한 본분을 지켜야 한다.

이 조항의 3절에서는 전통적으로 많이 교육되어져 온바 교회와 국가(위정자)와의 역할 혹은 고유성에 대하여 가르치고 있다. 국가는 막강한 권세를 가지고 있다. 그 권세는 하나님의 통치 아래 있다. 국가는 그 권세로써 하나님의 교회 위에 군림할 수 없다고 가르친다.

"국가의 위정자들이 말씀과 성례의 집행이나 하늘나라의 열쇠의 권세를 자기들의 것으로 취해서는 안 된다. 혹은 그들이 조금이라도 신앙의 문제에 간섭해서도 안 된다(마 16:19; 고전 4:1; 요 18:36; 엡 4:11-12; 대하 26:18). 그러나 양육하는 아버지와 같이 그리스도인들의 어느 한 교파를 다른 교파들보다 우대하지 않고 같은 주님의 교회를 보호하는 것이 위정자들의 임무이다. 폭력이나 위험의 염려 없이 모든 교직자들이 신성한 기능의 모든 부분을 이행할 수 있는 충분하고 의심할 여지가 없는 자유를 누릴 수 있도록 보호해야 한다(사 49:23)."

위정자들을 위한 기도

사실 우리 기독교인들이 국가의 위정자들을 위하여 기도하여야 할 것임에도 불구하고 때로는 위정자들의 행동과 언사에 동의하지 못하여 오히려 항의하게 되고 그럼으로써 우리가 기도하기 보다는 오히려 배척하려는 성향이 짙어지는 것도 사실이다. 그러나 우리가 진정으로 거듭난 하나님의 자녀라면 4절에서 말하고 있듯이, 위정자들을 위해 기도하며(딤전 2:1-2) 그들의 인격을 존중하고(벧전 2:17) 세금과 기타 의무를 다하고(롬 13:6-7) 양심을 위하여 그들의 합법적 명령에 순종하며 그들의 권위에 굴복하는 의무를 지켜야 한다(롬 13:5; 딛 3:1). 우리 기독교인들은 반드시 기독교인만이 위정자가 되어야 한다는 생각에 치우쳐서는 안 된다. 웨스트민스터 신앙고백서는 이 점을 선명하게 가르치고 있다.

"불신앙이나 종교의 차이로 말미암아 위정자가 갖는 옳고 합법적인 권위를 무시해서는 안 되며 백성들이 마땅히 바쳐야 할 순종을 거절해서도 안 된다(롬 13:1; 행 25:10-11). 이런 의무에 있어서 교직자들도 제외되지 않는다."

과거 우리나라의 정치 과정을 회고해 볼 때 기독교 정치인이라고 반드시 칭찬 듣는 치적만을 남긴 것은 아니다.

그러므로 우리들은 평안한 가운데 복음을 잘 전하기 위하여 그리고 우리와 동일한 나라의 백성들의 안녕과 국가의 번영을 위하여 더욱 기도하고, 국민 된 도리를 잘 이행하여야 할 필요성을 느낀다. 그리고 자신의 정당적인 견해를 가질 수 있겠으나, 기독교 협의체들이 집단적인 정치력 영향력을 결집하여 어느 특정 위정자 혹은 정치인이나 정당을 옹호하는 발언은 삼가야 할 것으로 생각한다.

 6장

마지막 때를 사는 지혜

기독교인의 역사에 대한 이해 부분에서 우리는 하나님의 나라의 역사는 궁극적으로는 '구원받기로 예정된 사람의 숫자가 차는 것'에 있다는 사실을 확인한 바 있다. 그러한 거시적인 시간 이해에 기초하여 어떻게 살아가야 할 것인가를 생각하는 문제는 대단히 중요하다고 본다. 오늘날 사람들의 대체적인 삶의 양식은 웰빙 추구의 삶인 듯하다. 그리고 웰빙에만 머물지 않고 웰다잉(well-dying)에 관심을 가져야 할 때인 것을 강조하는 책이 출간되기도 했다. 이러할 때 우리 기독교인들은 어떠한 인생관 혹은 라이프스타일을 지니고 살아야 할 것인가? 이것은 우리 개인의 삶은 물론이이요 나아가서는 역사의 흐름과 의미와 목적과도 연관되어 있는 중요한 문제가 아닐 수 없다.

하나님 중심의 태도

이러한 일련의 문제들을 우리는 종말론적 삶의 태도라고 부를 수 있을 것이다. 그러면 우리 삶의 태도들의 주안점은 무엇이 되어야 할 것인가? 먼저 '하나님 중심적인 삶의 태도'를 지녀야 하겠다. 이것은 성경적인 표현을 빌리자면 범사에 하나님의 다스리심과 인도하심을 인정하는 것이다. 하나님은 거대한 역사의 흐름 속에서 뿐만 아니라 우리 삶의 지극히 사소한 일들 속에서도 다스려주시고 인도해주신다. 그렇기 때문에 우리는 여호와를 의뢰하고 범사에 하나님을 인정해야 한다. 그러면 지도하시리라고 성경은 말씀하신다(잠 3:5-6).

성경(계시) 의존적인 삶의 방식

종말 시대를 살아가는 이들에게 필요한 또 다른 태도는 하나님의 기록된 말씀인 '성경(계시) 의존적인 삶의 방식'이라고 할 수 있다. 우리 신앙의 선배들은 주의 말씀을 따라 갔던 분들이었다. 믿음의 조상 아브라함도 하나님의 말씀을 좇아갔다(창 12:4). 시편의 기자는 경건한 삶을 위하여 '주의 말씀을 내 마음에 두었나이다'라고 했으며(시 119:11), 하나님이 자신의 분깃이므로 하나님의 말씀을 지키리라고 했다(시 119:57). 시몬은 말하기를 '선생이여 우리들이 밤이 되도록 수고를 하였으되 얻은 것이 없지마는 말씀에 의지하여 내가 그물을 내리리이다'라고 했다(눅 5:5).

교회를 중심으로 한 생활

주지하는 바와 같이 우리가 살고 있는 이 시대는 영적으로 혼탁하기도 하다. 곳곳에서 이단들과 사이비단체들 혹은 불건전한 단체들이 나타나 정통 신앙을 가진 기성교회 성도들을 현혹하고 있다. 그들은 교회를 추수 밭이라고 교회로 침투해 들어와서 성도들을 앗아간다. 성도들의 가정은 종종 결별하게 되고, 수많은 시련을 당하게 된다. 그들은 교회 밖으로 성도들을 유인하여 바른 신앙에서 탈선하도록 만들고 인간 교주를 높이게 한다. 이러한 시대에 우리는 철저하게 '교회를 중심으로 하여' 생활하는 것이 지혜롭다. 필자는 각 지방을 순회하며 강의할 때에 항상 이 점을 강조하여 주지시키고 있다.

복음 전도를 위한 헌신

종말론적인 삶의 태도 중에서 빼어놓을 수 없는 것은 '복음 증거를 위하여 헌신하여 헌금하는 일'이다. 우리의 가진 바 모든 것을 주님께서 허락하신 축복으로 받아들이는 것이 기독교인들이다. 그러한 의식이 없는 이들은 과연 크리스천일까? 독자들에게 필자의 이 질문은 상당한 충격으로 다가갈 수 있을 것이다. 물론 중생을 체험한 이라고 해서 다 그러한 성숙한 견해를 지니는 것은 아닐 것이다. 그러나 진정으로 거듭나고 그리스도의 교회를 사랑한다면 그리고 나아가서 기독교 전체를 통한 하나님 나라의 건설을 열망하는 이들이라면, 그것이 확실하다면, 그러한 성도들은 주의 복음 증거와 기독교 문화를 위한 일이라면 '헌신하든지, 헌금하게' 되어 있다고 생각한다.

필자가 종종 경험하는 일 가운데 하나는 복음증거를 위한 사업들에 헌신하고자 하는 의식은 있으나 물질이 없는 성도들이 있고, 물질은 있으나 기독교적인 마인드가 전혀 정립되지 못한 이들이 있었다. 종종 어떤 성도들은 복음을 위하여 아낌없이 투자할 수 있도록 하나님께 기도해 달라고 하는 적이 있다. 그때마다 필자는 그렇게 하겠다는 대답이 헛되지 않도록 그 자리에서 잠시라도 기도드리기도 한다. 종말론적 인생관을 지닌 성도들은 주님을 위하여 투자한다. 그러나 많은 경우에 성도들은 주를 위하여 사용한다고 하면서도 자신의 명예가 드러나기를 원하는 듯하다. 이를 조심하여야 한다.

성도와의 연합

끝으로 종말론적 삶의 태도를 지닌 성도는 '다른 성도들(교파, 교단들)과 연합' 하여야 한다. 비록 교파와 교단이 다르더라도 구원받은 성도들과 연합하여 전도와 선교의 일을 해야 하며, 사회봉사를 하며, 기독교 문화를 진작시키는 등의 일들을 해야 한다. 필자가 한국기독교연합기관들에서 섬기면서 느끼게 된 강렬한 의식은 '우리는 그리스도를 위하여 연합할 수 있다'는 것이다. 우리는 일 부류의 사람들을 위하여 충성하는 것이 아니라 그리스도를 위하여 충성해야 한다. 자신의 견해와 다르다면 대적하는 극단적인 라이프스타일을 버려야 한다. 잠시 미워할 수 있고 배격할 수 있으나 우리 모두는 이 땅에서 그리스도를 기쁘시게 하기 위하여 한 성령 안에서 더욱 연합하여야 할 각 지체들임을 잊지 말아야 할 것이다.

많은 사람들이 의식 없이 살아가기도 하지만, 구속함을 입은 성도들은 이 종말의 시대에 깨어있는 삶을 살면서 주님께 영광을 돌려야 한다. 종말론적 삶의 태도를 지닌 성도일수록 주님에 의하여 쓰임 받을 수 있다. 그리고 역사의 진정한 참여자가 될 수 있는 것이다. 바른 삶의 태도를 회복하고 크리스천으로서의 본분을 이행하자.

 7장

반복해야 할 교리공부

    한 사람의 크리스천으로서 하나님께서 기뻐하시는 삶을 살고 이웃을 섬기는 가운데 행복한 삶을 영위하기 위해서 우리는 우리의 신앙과 삶을 항상 '성경'에 기초하여야 한다. 성경의 핵심적인 내용들을 체계 있게 설명하고 있는 것이 '교리'이다. 그러므로 우리들은 믿음의 선배들이 기도하면서 작성하여 우리에게 전달해 준 바 바른 신앙의 교리들 위에 굳게 서야 한다. 흔히들 삶과 교리는 별개의 것인 것처럼 여기지만 사실은 삶이란 교리와 아주 밀접하게 연결되어 있다. 교리적인 토대 위에 서 있지 않은 생각과 삶과 일체의 행위들은 사상누각(砂上樓閣)일 수도 있다.

이단 및 불건전 집단들의 도전

제2의 부흥운동을 고대하는 한국교회는 제자화 훈련이나 교회성장 혹은 영성훈련 등을 강화해 왔고, 그러한 프로그램들을 통하여 성도들을 견고하게 세워왔다. 그럼에도 불구하고 이단·사이비단체들의 활동들에 대한 우리 교회들의 대응능력은 약화되어 있음을 발견하게 된다. 이단의 침투와 공략에 대하여 기성교회 교인들이 현혹당하는 데는 여러 가지 원인들이 있을 수 있겠지만 필자는 그 대표적인 이유가 '교리교육의 부재'에 있다고 본다. 한국의 많은 교회들은 평신도들을 교리적으로 견고하게 교육시키지 못하고 있다는 것이 필자의 상담활동을 통하여 드러나곤 했다. 그 결과 많은 성도들이 이단과의 접촉 속에서 교리적 미비점으로 인하여 넘어가고 고통당하게 되었다.

체계적인 성경과 교리공부의 필요성

상담을 요청해온 어떤 내담자는 말하기를, "교회들이 교리교육이나 성경에 대한 체계적인 공부를 시켜주지 않았습니다"라고 솔직하게 밝히는 이들이 있다. 그런가 하면 그들이 이단으로 넘어가기 전 평신도 직분자였음에도 불구하고 교리적으로 혼란을 경험하고 있는 것을 확인할 수도 있었다. 이러한 시점에서 목회자들에게 절실히 요구되는 것은 바로 성도들에게 교리를 가르치고 문답하며 교육시키는 작업이다. 부흥하고 있는 한국교회에 교리적 기초가 견고해진다면 미래에 대한 전망이 밝다고 할 것이다.

교리공부는 교회의 본연의 일

그것은 교회가 설립된 이래로 교회 본연의 일이었다. 그것은 신학의 토대를 놓은 어거스틴으로 부터 시작하여 개혁자 루터나 칼빈이 시행해 온 일이 었고, 청교도들과 개혁주의 신학 진영에서 강조해온 바였다. 청교도들 가운데 탁월한 영성의 소유자이자 목회활동을 위하여 실천적인 부분들에 대한 저술을 많이 남겼던 리처드 백스터(Richard Baxter, 1615-1691)는 '목사의 임무(duty of minsters)는 곧 교리문답공부를 시키는 것'이라고까지 했다(Richard Baxter, The Reformed Paster (Edinburgh: The Banner of Truth Trust, 2001), p. 42). 백스터의 말은 오늘 우리 시대의 목사들에게 경종을 울린다고 할 수 있다. 패커(James I. Packer)의 표현대로 철저한 청교도(a through Puritan from first to last)였던 백스터는 다른 청교도 사역자들처럼 교리문답의 실천(practice of catechizing)을 강조했다. 그만큼 백스터는 실천적인 교리문답가(practical catechist)였다. 백스터의 키드민스터 사역(Kidderminster ministry)의 성공적 요인들은 다양하게 지적될 수 있겠지만 필자는 그것을 교리문답교육의 결과로 본다. 백스터는 1653년부터 구역별로 순번을 정해 교리문답을 시켰는데, 한 주간에 15-16가정을 그리고 1년에는 800가정을 넘게 시행할 정도로 그 사역에 혼신의 정열을 쏟아 부었기 때문이다. 백스터의 교리교육의 대상은 모든 성도들이다. 『어머니의 교리문답』(Mother's Catechism)이나 『가정 교리문답』(Catechizing of Families) 등의 문답집을 저술한 것에서도 짐작할 수 있듯이 어린 자녀들부터 교리문답교육의 대상으로 삼고 있다. 구원받기 원하는 사람이라면 '모두가' 다 기본원리를 알아야 함을 역설한다. 또한 백스터는 젊은 사람들뿐만 아니라 연세가 든 사람들 역시 교리문답을 배워야 함을 강조했다.

그러므로 한국교회 교리교육을 계속하여 반복적으로 시켜야 한다. 모든 목회자들은 교리문답교육을 목회자의 사명으로 여기고 그것을 실천했던 우리 선인들의 목회 양상을 본받을 필요가 있다. 나아가서 성도들을 교리적으로 무장되게 해야 한다. 그렇게 함으로써 모든 성도들이 굳건한 교리에 기초하여 더욱 확신에 찬 삶을 살도록 할 수 있고, 이단 사이비단체들의 공격으로부터도 자신을 방어할 수 있는 능력을 증진하도록 도울 수 있을 것이다. 모든 연령층의 성도들이 교리를 반복적으로 복습하고 배우는 일이야말로 우리 교회들이 가장 주안점을 두어야 할 점이다.

✤ 학습 문제

1. 자유의지는 어떻게 회복되는가? (웨스트민스터 신앙고백서 제9장 4절 참조)

2. 인간은 자신의 노력이나 선행으로 구원 받을 수 있는가? (웨스트민스터 신앙고백서 제16장 참조)

3. 우리는 선행을 행하고 나서도 어떠한 태도를 지녀야 하는가?

4. 기독교인의 자유와 양심의 기초는 무엇인가? (웨스트민스터 신앙고백서 20장 1절 참조)

5. 그리스도인은 자유를 어떻게 사용해야 하는가? (웨스트민스터 신앙고백서 20장 4절)

6. 결혼이란 무엇인가? (웨스트민스터 신앙고백서 제24장 제1절 참조)

7. 파혼 및 이혼은 어떨 경우에 가능한가? (웨스트민스터 신앙고백서 제24장 제5, 6절 참조)

8. 세상 정부를 세우신 하나님의 목적은 무엇인가? (벨기에 신앙고백서 제36장 참조)

9. 기독교인은 위정자들을 위하여 무엇을 해야 하는가? (웨스트민스터 신앙고백서 제23장 4절 참조)

10. 마지막 때를 사는 우리들에게 필요한 방식들을 세 가지 이상 말해 보라.

맺는말

　성도들의 신앙과 삶을 위한 자그마한 안내서를 내게 된 필자의 의도는 선명하다. 그것은 곧 나 자신을 포함하여 모든 성도들이 하나님과 교회와 세상에 대한 바른 교리적 이해를 가지고 더욱 확신에 찬 삶을 살고, 그로 통하여 하나님께 영광을 돌리도록 하기 위함이다.

　본서는 성도로서의 삶을 살아감에 있어서 좀 더 선명한 이해를 제공하기 위하여 앞서 간 신앙의 선배들이 물려 준 신앙고백서와 교리문답서에 기초하여 서술된 것이다. 그동안 필자는 『이단 진단과 대응』, 『상담을 통해 본 이단의 모습』을 저술하였고 금번에는 이 책자를 내게 되었는데, 앞으로도 기독교인들의 실제적인 삶을 위한 참조서 형식의 책자들을 저술함으로써 그리스도 안에 있는 형제자매들의 삶에 간접적으로 기여하려고 한다.

> **어거스틴의 고백록 중에서**
>
> "어머니와 함께 나는 육체적 제한성을 지닌 인간이라는 사실을 시인합니다. 그러나 영원하신 주께서 진리의 음성을 우리에게 들려주시고 주의 지혜에 접하도록 인도하시니 영원한 주님을 찬양하오며 무한한 내적 기쁨을 맛보게 됩니다. '너는 이제 네 주인의 즐거움에 참여하리라'(마 25:21)는 축복을 누리게 된 것입니다. 오 주님! 그때가 언제입니까? 주님 오시는 그 날 '마지막 나팔에 순식간에 홀연히 다 변화될'(고전 15:51) 그 날을 사모하며 기쁨으로 살아갑니다."
>
> 어거스틴의 『고백록』, 제9권 25장 중에서